1400463

Wolfgang Hantel-Quitmann

DIE OTHELLO FALLE

Du sollst nicht alles glauben,
was du denkst

Klett-Cotta

Klett-Cotta
www.klett-cotta.de
© 2017 by J. G. Cotta'sche Buchhandlung
Nachfolger GmbH, gegr. 1659, Stuttgart
Alle Rechte vorbehalten
Printed in Germany
Cover: Rothfos & Gabler, Hamburg
Gesetzt von Fotosatz Amann, Memmingen
Gedruckt und gebunden von CPI – Clausen & Bosse, Leck
ISBN 978-3-608-98068-4

Bibliografische Informationen der Deutschen Nationalbibliothek
Die Deutsche Nationalbibliothek verzeichnet diese Publikation in der
Deutschen Nationalbibliografie; detaillierte bibliografische Daten sind im
Internet über http://dnb.d-nb.de abrufbar.

Für Paulina

INHALT

3.

VERWIRRUNGEN DER BEZIEHUNGEN –
TÄUSCHUNG UND INTRIGE

4.

OPFER DES EIGENEN DENKENS – ZUR EINFÜHRUNG

Wohin man schaut, auf internationale Konflikte in der Politik oder persönliche Konflikte im Privaten, überall das gleiche Bild: Wir leben scheinbar in einer Welt von Tätern und Opfern. Die meisten Menschen sehen sich gerne als Opfer und nicht selten stimmt das sogar. Sie sehen sich als Opfer ungünstiger Umstände, beklagen Fehler von anderen, sind gezielten Täuschungen erlegen, werden gemobbt, leiden unter schrecklichen Kindern oder untreuen Ehepartnern. Manchmal, häufig sogar, sind Menschen weniger Opfer der Umstände oder der Fehlhandlungen und Intrigen anderer, als vielmehr Opfer ihres eigenen Denkens.

Opfer verdienen Mitgefühl und Mitleid, Hilfe und Unterstützung, Täter dagegen sollen nach dem Gesetz bestraft und in schweren Fällen auf Zeit sozial ausgeschlossen werden, auf Mitgefühl haben sie kaum Anrecht und Hilfe können sie nicht ohne Vorbedingungen beanspruchen. Diese sind das zerknirschte Anerkennen der Verantwortung für ihre Taten, die Einsicht in das eigene Fehlverhalten und die ernstgemeinte Bitte um Entschuldigung an die Opfer. Die Täter sind schuldig, die Opfer unschuldig, die Täter verdienen Bestrafung, die Opfer Mitgefühl. Kein Wunder, dass bei dieser simplen Sicht auf die Welt keiner mehr Täter sein will, noch nicht einmal bereit ist, das eigene Mitwirken am Geschehen anzuerkennen und somit alle Menschen unbeteiligt sind oder zu Opfern werden.

Wenn man erkennen muss, Opfer des eigenen Denkens und daher auch ein wenig Täter geworden zu sein, wird die Sache nicht nur kompliziert, sondern psychisch bedrohlich. Die Scham versucht diese Einsicht in eigene Fehler zu verdecken und die Schuld wird abgewehrt und lieber anderen zugewiesen. Aber diese psychischen Abwehroperationen helfen meist nur für den Moment und lassen sich in intimen Beziehungen, in denen man auf lange Sicht nicht umhinkommt, halbwegs ehrlich zu sein, kaum dauerhaft aufrechterhalten. Wenn die Einsicht in das eigene Fehlverhalten bedrohlich ins Bewusstsein dringt, versuchen viele Menschen einen psychologischen Trick anzuwenden und damit einen Ausweg aus der Misere zu finden, um ihre Täteranteile zu leugnen und doch wieder zu Opfern werden zu können. Sie argumentieren, sie hätten sich nicht bewusst falsch verhalten, sondern die Fehler seien unbewusst entstanden, also unabsichtlich. Sie seien auf diese Weise Opfer ihres Unbewussten geworden. Zu diesen unbewussten Fehlern hat die Psychologie seit Freud eine klare Meinung: Jeder Mensch ist für sein eigenes Unbewusstes verantwortlich. Es ist das eigene Unbewusste, das für Fehler und Fehlleistungen verantwortlich ist, allerdings stellt sich für den Betroffenen die Frage, wie solche unbewussten Fehler zu erkennen und zu verändern sind.

Wie kommt man aus dieser Misere heraus? Wenn unser Denken dazu führt, dass wir uns manchmal falsch verhalten, Fehler begehen, Irrtümern unterliegen oder auf Täuschungen hereinfallen, dann sitzen wir erst einmal in einer Falle. Aus dieser Falle wollen die meisten Menschen schnell und schadlos wieder herauskommen und neigen dabei dazu, ihren aktuellen Gefühlen zu folgen. Solche Affekthandlungen führen aber meist zu neuerlichen Problemen. Daher empfiehlt die Psychologie, sich etwas Zeit zu nehmen, die Gefühle und Gedanken zu überdenken und zu einem abgewogenen Urteil zu kommen, bevor gehandelt wird. Die Falle fühlt sich in dem Moment unangenehm an, sollte aber verstanden werden, bevor die nächsten Fehler begangen, die alten fortgesetzt oder gar vertieft werden. Denn wenn die bisherigen Muster im Wahrnehmen, Denken, Urteilen und Handeln selbst das Problem sind, dann müssen diese Muster zunächst geprüft und geändert werden, weil wir sonst immer wieder in die gleichen Fallen tappen und mit den gleichen, unbrauchbaren Mitteln versuchen, wieder aus ihnen herauszukommen, kurz: Es gilt, aus den Erfahrungen zu lernen. Aber dazu bedarf es zunächst der Einsicht in die eigenen Fehler. Solche Momente der produktiven Reflexion erlebe ich in meinen Paar- und Familientherapien immer wieder, sie sind der Schlüssel zur persönlichen Veränderung und damit meist auch zu einem besseren Leben.

Für Platon war das Denken ein Gespräch der Seele mit sich selbst. Denkfehler entstehen im Sinne Platons dann, wenn dieses Gespräch der Seele mit sich selbst nicht wahrhaftig ist. Und Gründe dafür gibt es sehr viele: Wir wollen Scham- und Schuldgefühle vermeiden, um vor uns selbst und anderen gut dazustehen, wir wollen unsere kleinlichen oder gar zerstörerischen Absichten verbergen, wir wollen uns vor negativen Gefühlen wie Angst, Neid, Trauer oder Rachegedanken schützen, oder wir wollen die Verantwortung für negative Ereignisse ungern übernehmen. Wir wollen ein freundliches, großzügiges, menschliches Bild bewahren, und wir wollen vor allem verhindern, aus einer sozialen Gemeinschaft ausgeschlossen zu werden, weil wir uns falsch oder schädlich verhalten haben. In einem ehrlichen Gespräch der Seele mit sich selbst müsste über all dies gesprochen werden, damit das Denken über uns selbst sowohl realistisch als auch freundlich sein kann. In Psychotherapien werden solche Gespräche der Seele mit sich selbst geführt, aber das eigene Denken wird dabei auch immer wieder kritisch geprüft.

Wie kommt man dem eigenen Denken auf die Spur? Wie kann man sich am eigenen Schopf aus dem Sumpf ziehen? Bislang sind wir mit unserem Denken im Leben meistens ganz gut gefahren. Wir haben dabei immer wieder Menschen und Situationen verstanden, Konflikte lösen können, Erwartungen erfüllt, sind Partnerschaften eingegangen, haben Familien gegründet und Freundschaften geschlossen. Gleichzeitig sind viele Menschen aber immer wieder in komplizierte bis unlösbare Situationen geraten, die beinahe vertraut sind, haben immer wieder die gleichen unpassenden Partner kennengelernt, oder haben Konflikte und Probleme erlebt, die sie schon lange kennen und dennoch nicht ändern konnten.

Besonders gravierend zeigt sich dies bei der Partnerwahl, die wie in einer Wiederholungsschleife scheinbar immer wieder zu den gleichen Problemen führt, obwohl es stets so wundersam neu und hoffnungsvoll anders anfing. Auch die Probleme im Verlauf der Partnerschaft kehren wieder, obwohl man sie vermeiden wollte. Und jede Trennung beginnt auch mit den gleichen Vorwürfen an den jeweiligen Partner, die erst Jahre später relativiert werden können, indem einige Eigenanteile am neuerlichen Scheitern eingestanden werden können. So erlebe ich immer wieder Paare, die sich attraktiv finden, weil sie auf unterschiedliche Weise mit Gefühlen umgehen. Er kontrolliert seine Gefühle, ist eben ein cooler

Typ, und sie ist sehr aufbrausend und emotional. Beide haben das Problem eines dosierten Umgangs mit Gefühlen, er meint von ihr lernen zu können, wie man seine Gefühle mehr zeigt und offener mit ihnen umgeht, und sie hofft, sich etwas von seiner emotionalen Kontrolle aneignen zu können. Sie glauben, mit dem Partner auch dessen Fähigkeiten übernehmen zu können und wundern sich dann, dass sie selbst in Stresssituationen weiterhin ihre emotionale Regulationsfähigkeit verlieren.

Ein Schlüssel zum Verständnis der eigenen Fehler und Beziehungsfallen sind die begleitenden Gefühle in solchen komplizierten Situationen, die in der Regel mit Stress verbunden sind. Dabei geht es um Misstrauen, Angst, verlassen zu werden, Schuld und Scham, Neid und Eifersucht oder auch um Intrigen und ihre Folgen. Eifersucht und Schuldgefühle sind meist die beiden vorherrschenden Gefühle in Trennungsprozessen. Wenn ein Paar in eine Beziehungskrise gerät und Gedanken an Trennung auftauchen, empfindet derjenige, der sich trennen will, meist ein Gefühl der Befreiung, aber zugleich auch Schuldgefühle, vor allem, wenn Kinder betroffen sind. Und der andere empfindet Verlustängste, die sich schon früh als Eifersucht bemerkbar machen können.

Unser Denken versucht, unsere Gefühle zu verstehen und gleichzeitig zeigen uns unsere Gefühle an, wenn unser Denken zu sozialen Problemen geführt hat. Dann fühlen sich die betroffenen Menschen unwohl, sind aber weiterhin von ihrem Denken überzeugt. Sie wollen die schlechten Gefühle loswerden, aber gleichzeitig an ihrem bisherigen Denken festhalten. Ohne das eigene Denken zu ändern, ist dies in den meisten Fällen aber kaum möglich. Ein erster Schritt besteht dann darin, seinem eigenen Denken nicht mehr zu glauben, es kritisch zu hinterfragen: Du sollst nicht alles glauben, was du denkst!

Manchmal glaubt man etwas zu einem bestimmten Zeitpunkt, ist sich ganz sicher in seinem Glauben, liebt so sehr wie noch nie zuvor und muss später um so verwunderter feststellen, dass der damalige Glaube anscheinend ein Irrglaube war. Wie konnte man sich nur so täuschen? Bei Shakespeare verlangt Hamlet von seiner geliebten Ophelia, seinen alten Liebesbeteuerungen heute besser nicht mehr zu glauben:

Hamlet: Ich liebte Euch einst.

Ophelia: In der Tat, mein Prinz, Ihr ließet mich glauben.

Hamlet: Ihr hättet mir nicht glauben sollen ... Ich liebe Euch nicht.

Weiß er das erst heute? Hat er es damals ernst gemeint? Was veranlasst ihn heute, seine eigenen Liebesbeteuerungen von damals anzuzweifeln? Misstraut er sich selbst? Woher weiß er, dass sein heutiges Gefühl richtiger oder wahrhaftiger ist als sein damaliges? Kann man Gefühlen überhaupt vertrauen, wieweit hilft das Denken über Gefühle und wie sehr kann auch das Denken täuschen?

Dieses Buch handelt von den Fallen und Verwirrungen, die uns in intimen Beziehungen begegnen können: Eifersucht und Schuld als Verwirrungen der Gefühle, Denkfehler und Irrtümer als Verwirrungen des Verstandes, und Intrigen und Täuschungen als Verwirrungen der Beziehungen. Wie entstehen diese mehrfachen Fallen, wie geraten Menschen in sie hinein, welche schlechten und guten Wege gibt es aus den Fallen heraus und was hat dies alles mit dem eigenen Denken über sich selbst und die anderen zu tun? Erlebt wird die Falle nicht nur als Fehler oder Verschulden des anderen, sondern auch als innerer Konflikt zwischen Gefühl und Verstand, zwischen widerstreitenden Gefühlen und gegensätzlichen Denkmustern. Dann versteht der Kopf die eigenen Gefühle nicht mehr und es entsteht eine Ahnung davon, dass das eigene Denken nicht die Lösung, sondern ein Teil des Problems ist.

Selbstreflexion, Selbstbewusstsein und Selbstvertrauen können aus diesem Dilemma heraushelfen und zu einer neuen Selbsterkenntnis führen. Das ist das Programm der modernen Psychotherapie, ob für einzelne Menschen, Paar- oder Familienbeziehungen. Dieses Buch versucht aufzuzeigen, wie man in diese Dilemmata hineingerät und welche Auswege es geben kann. Dabei werden wir viele Menschen kennenlernen, aus meinen Beratungen, Paar- und Familientherapien und aus der Weltliteratur. Aber einer ist besonders wichtig, weil wir viel von ihm lernen können. Insbesondere wie man in eine Falle hineingerät, welche Fehler man dabei machen kann, wie man nicht versuchen sollte, aus der Falle herauszukommen und welche besseren Wege es aus diesen Beziehungsfallen geben könnte: Othello. Die Falle, in der Othello steckt, ist eine zweifache: Innerlich ist er zerrissen zwischen Liebe und Eifersucht, Vertrauen und Misstrauen, Selbstbewusstsein und Selbstzweifeln. Äußerlich ist er in seinen Beziehungen gefangen in einem Netz aus Intrigen, in denen er sich nicht mehr orientieren kann, weil er seinen inneren Kompass verloren hat. Er ist vergiftet von Misstrauen und Eifersucht und kommt aus dieser Falle nicht mehr heraus.

17

1.

VERWIRRUNGEN DER GEFÜHLE –
EIFERSUCHT UND SCHULD

Jede intime menschliche Beziehung – zwischen Liebenden, Eltern und Kindern, Geschwistern oder Freunden – braucht gegenseitiges Vertrauen. Man muss dem jeweils anderen vertrauen und sich auf ihn verlassen können und es macht geradezu die Qualität einer solchen Beziehung aus, dass sie durch vorübergehende Konflikte und Krisen nicht grundsätzlich infrage gestellt werden kann. Jeder Mensch braucht solche verlässlichen und vertrauensvollen Beziehungen, mal mehr, mal weniger. Als Kinder sind wir abhängig von ihnen und auch als Erwachsene sind wir davon nicht unabhängig, sondern wissen um unsere Abhängigkeiten und lernen sie zu schätzen.

Wenn sich Misstrauen oder Eifersucht in eine Liebesbeziehung eingeschlichen haben, dann müssen die Betroffenen möglichst schnell einen Weg finden, sich auszusprechen und Konflikte zu klären, oder das Misstrauen und die Eifersucht breiten sich weiter aus und führen letztlich in die offene Krise. Dann wollen beide Seiten möglichst die Gedanken des anderen lesen, um ihn zu verstehen oder zu überführen, wieder gegenseitiges Vertrauen aufzubauen oder sich zu trennen. Denn wenn das Misstrauen sich erst einmal ausgebreitet hat, bedarf es einer gewissen Zeit, in der sich Vertrauen wieder neu entwickeln kann. Ganz besonders schwierig wird dies allerdings, wenn die Beziehung durch Anklagen, Abwertungen, Demütigungen oder sogar durch Gewalt beschädigt wurde. Außerdem gibt es Schuldgefühle in der Beziehung, und gegenseitige Schuldzuweisungen machen es sehr schwer, wieder offen und vertraulich sein zu können, weil man sich vor weiteren Kränkungen und Verletzungen schützen muss. Auch Othello musste all dies erfahren. Hier seine Geschichte, wie William Shakespeare sie erzählt hat.

WENN DU MICH WIRKLICH LIEBST, ZEIG MIR DEINE GEDANKEN!

Othello bekommt von seinem vertrauten Fähnrich Jago zugetragen, dass seine schöne Ehefrau Desdemona und der Leutnant Cassio hinter seinem Rücken eine Liebesbeziehung haben. Jagos Intrige ist erfinderisch und brutal zugleich, aber sie kann letztlich nur wirken, weil sie bei Othello auf einen fruchtbaren Boden fällt. Othello glaubt, was er hört, weil es zu seinem Denken passt.

Othello ist ein Mohr, der es in der venezianischen Gesellschaft zu einem gewissen Ruhm gebracht hat, weil er als Befehlshaber der venezianischen Flotte einige Siege errungen hat. Aber in seinem Inneren glaubt er nicht daran, eine so schöne Frau aus gutem Hause wie Desdemona wirklich verdient zu haben. Seine Selbstzweifel sind die psychologische Grundlage für die Wirksamkeit von Jagos Intrige. Würde Othello besser über sich denken, dann hätte die Intrige wahrscheinlich nur geringe Chancen gehabt. Da er glaubt, was er über sich denkt, fällt er auf das herein, was er von anderen hört. Daraus entsteht ein klassisches Dilemma, denn so hat er nur die Wahl zwischen unangenehmen Erkenntnissen: Entweder er ist der Mohr, der eine solche Frau nicht verdient hat, oder seine Frau betrügt ihn. Mit einem stabileren Selbstbewusstsein und einer weniger getrübten Fähigkeit zur Realitätsprüfung hätte er der Intrige auf die Spur kommen können. Und er hätte das vertraute Gespräch mit seiner Ehefrau suchen können. Sein Misstrauen hätte sich weniger gegen seine Frau gerichtet, als vielmehr gegen die konstruierten angeblichen Beweise mit einem verlorenen Taschentuch oder Jagos phantasierten Berichten über Cassios nächtliche Traumreden. Othello fragt auch immer wieder nach Beweisen, aber er lässt sich stets aufs Neue in die Irre führen. Aus diesem Dilemma, dieser inneren Zwangslage meint er nur mit Gewalt herauszukommen – wie er es als Heeresführer gewohnt ist – und erstickt im Streit seine Frau, ohne sie zumindest offen angehört zu haben. Als er den Fehler erkennt und sieht, dass er auf die Intrige hereingefallen ist und er seine geliebte Frau getötet hat, bringt er sich, beladen von Schuldgefühlen, selbst um.

Er war von Beginn an nicht überzeugt, dass Desdemona ihn als Mann liebt, eher schon seine heldenhaften Taten. *Sie liebte mich um der Gefahren willen, die ich bestanden hatte, und ich liebte sie, weil sie davon gerührt war* (Shakespeare 2013, 45). Sie liebte den Helden, den sie in ihm sah und er verliebte sich deshalb in sie, weil sie sein eigenes instabiles Idealbild stützte. Vielleicht hatte er damals schon Angst, diese idealisierte und romantische Beziehung offen zu erklären, weil er unangenehme Fragen und Widerstände erwartete. Daher hatten sie heimlich geheiratet, ohne vorher ihren Vater um seinen Segen zu bitten. Das hat Brabantio, Desdemonas Vater, nicht nur als unüblich und ehrverletzend, sondern geradezu als Betrug erlebt und daraufhin seinen Schwiegersohn fast sorgend vor seiner Tochter gewarnt. *Achte auf sie, Mohr, behalte dies im Auge, und du wirst sehen: Sie hat ihren Vater betrogen, sie könnte es auch dir antun* (53). Hier wird der Zweifel auch von ihrem Vater ausgesprochen, was Jago das Spinnen des Netzes der Intrige erleichtert.

Othello ist sich anfangs nicht sicher über ihre Untreue und verlangt immer wieder Beweise von Jago. Er will wissen, was Jago denkt, um sich selbst in seinem Denken sicherer zu werden. Er will in seinen Kopf hineinsehen und seine Gedanken kennenlernen: *Wenn du mich wirklich liebst, zeig mir deine Gedanken!* (135). Und Jago antwortet: *... es wäre nicht gut für Eure Ruhe noch für Euer Wohl, noch für meine Ehre, Redlichkeit oder Weisheit, Euch meine Gedanken wissen zu lassen* (137). Diese recht offene Aussage hätte Othello stutzig machen können. Jago ist in seiner Verlogenheit immer wieder von frappierender Ehrlichkeit, aber Othello merkt es nicht, weil er zu sehr mit seinen eigenen Ambivalenzen und inneren Widersprüchen beschäftigt ist, deshalb versagt seine Realitätsprüfung. Jago hat sein intrigantes Vorgehen in einem Satz am Ende des zweiten Aktes zusammengefasst: *Wir arbeiten mit List, nicht mit Zauberei. (We work by wit, and not by witchcraft)* (115).

Eine Intrige wirkt dann am besten, wenn sie über lange Strecken aus der Wahrheit besteht, nur in kleinen Teilen aus täuschenden Konstrukten. Jago hat Othello in der Falle gefangen und so will Othello von einem bestimmten Zeitpunkt an nichts mehr von Desdemonas Unschuld oder von weiteren Beweisen wissen, sondern nur noch von ihrem Betrug. Er hat sich seine Meinung gebildet, ist zu einem fürchterlichen Urteil gekommen und kennt nur den Tod als Ausweg. Mit Jago spricht er noch über die Frage, ob er sie nicht besser vergiften soll, aber Jago spricht sich für das brutalere und direktere Erwürgen aus, am besten in dem seiner Meinung nach geschändeten Ehebett, und so kommt es: *Er erstickt sie* (253). Als Othello den Frevel Jagos erkennt, nicht zuletzt mit Unterstützung von Jagos Frau Emilia, will Othello auf Jago losgehen. Bevor Emilia weitersprechen kann und droht alles auszuplaudern, ersticht Jago vor den anderen seine Frau Emilia. Othello kommt nicht dazu, sich an Jago zu rächen, er verletzt ihn nur. Wichtiger ist ihm anscheinend, seine eigenen Motive noch ins rechte Licht zu rücken, bevor er stirbt. Er wird von Schuldgefühlen überwältigt und versucht wie alle Schuldigen, sich davon freizusprechen und die Schuld anderen zuzuweisen. Und er findet als Erklärung und persönlichen Schuldfreispruch die beste aller möglichen: Er habe sie nicht aus niederen Motiven getötet, sei kein brutaler Täter, sondern Opfer der Liebe. Er beharrt darauf, dass zu große Liebe seinen Mord rechtfertige und ihn von jeder Schuld freispreche. Irgendwie ist er doch um seinen Ruf besorgt und so handeln seine letzten Worte davon, wie er erinnert werden möchte. Bevor er sich selbst ersticht, redet er von Liebe, Verwirrung und Eifersucht: *Dann müsst ihr von einem sprechen, der nicht weise, sondern zu sehr liebte. Von einem, nicht leichtfertig eifersüchtig, sondern hintergangen, verwirrt bis zum Äußersten …* (275). Die Liebe hat seine Weisheit untergraben und er war nicht leichtfertig eifersüchtig, sondern wurde gemein hintergangen.

Er versucht, sich im Namen der Liebe von der Schuld freizusprechen, erteilt sich selbst Absolution. Für den Rest sind andere verantwortlich, die ihn getäuscht haben. Das ist die klassische Selbstentschuldigung aller gewalttätigen, eifersüchtigen Ehemänner: Was ich getan habe, geschah aus Liebe und ich wurde durch andere getäuscht. Aber was ist das für eine Liebe, eine absolute, besitzergreifende Liebe, die bereit ist zu töten? Othello erscheint feige, er drückt sich vor diesen Fragen und ergeht sich lieber in Selbstmitleid, sein Abgang wirkt konsequent und theatralisch. Viele Fragen bleiben offen. Wie kam es, dass die Täuschungen der anderen so wirksam waren und zu einer vollkommenen Verwirrung führten? Wie kann solch eine Verwirrung überhaupt entstehen, wie können die Vorwürfe, Scheinargumente und Täuschungsversuche der anderen so sträflich ungeprüft bleiben? Und wo bleibt letztlich die Verantwortung für das eigene Handeln? Wieso hat er diese und viele andere Fragen, seine Zweifel und Verwirrungen nicht vertraulich mit Desdemona besprochen? Weil seine Selbstzweifel ihm schon alle Antworten auf diese Fragen gegeben haben, den Rest hat seine Phantasie erledigt, die mit der Eifersucht ein destruktives Bündnis eingegangen war.

Eine Untersuchung der Eifersucht ermöglicht es zu verstehen, wie der Glaube an das eigene Denken zu Irrtümern, Missverständnissen, Täuschungen oder Intrigen führen kann. Eifersucht macht sich auch als Misstrauen bemerkbar und insofern kann man eifersüchtigen Menschen wünschen, vielleicht mehr ihrem Misstrauen zu misstrauen, als sich weiter im Misstrauen gegen andere zu ergehen.

EIFERSÜCHTIGE GEFÜHLE UND EIFERSÜCHTIGE GEDANKEN

Eifersucht ist ein Gefühl, das ohne die Phantasie kaum möglich wäre. Es wird durch die Phantasie beflügelt und würde ohne sie ein kümmerliches Dasein fristen und nahe an der Realität ein bedeutungsloses Schattendasein führen. Sogar die mit der Eifersucht verbundenen Verlustängste wären auf ein erträgliches Maß reduziert. In der Psychologie begann man erst vor etwa drei Jahrzehnten mit der systematischen Erforschung dieses penetranten, nagenden Gefühls. Und wie immer bei solchen Forschungen meint man, drei Fragen beantwortet zu haben, während zugleich sechs neue entstanden sind.

Es beginnt mit der Frage, ob Eifersucht ein grundsätzliches menschliches Gefühl ist, bei dem man keine verschiedenen Formen und Stärken unterscheiden sollte. Wie fast immer in solchen Fällen stimmt beides: Es ist ein zutiefst menschliches Gefühl, denn alle Menschen lernen im Laufe ihres Lebens dieses Gefühl irgendwann einmal kennen, und zugleich kann man verschiedene Formen und Grade unterscheiden. Schon kleine Kinder leiden unter Verlustangst, wenn sie von der Mutter getrennt werden, und sei es auch nur, wenn die Mutter den Raum verlässt. Während sicher gebundene Kinder sich aber schnell wieder beruhigen können, weil sie das Bild einer sorgenden Mutter in sich tragen, können unsicher gebundene Kinder diese auch nur kurzzeitige Trennung nur schwer ertragen. Wahrscheinlich sind diese frühen Verlustängste Vorformen der späteren Eifersucht und die Beteiligung der Phantasie scheint dabei einen wichtigen Unterschied zu machen.

Eifersucht ist die Angst, etwas zu verlieren, was man zu besitzen meint, letztlich also eine Verlustangst. Insofern unterscheidet sie sich vom Neid dadurch, dass beim Neid der drängende Wunsch besteht, etwas haben zu wollen, was ein anderer hat. Auch hier schon kommt die Phantasie ins Spiel. Manche Menschen glauben etwas zu besitzen, irren sich aber. Kann man in einer Liebesbeziehung einen anderen Menschen besitzen? Die absolute Liebe und ihre romantischen Vertreter bestehen darauf, dass es so ist. Alle anderen sind sich sicher, dass man in menschlichen Beziehungen niemals von besitzen sprechen kann und sollte. Jeder Mensch gehört zunächst einmal nur sich selbst und diese Selbstbestimmung ist unteilbar. Die Angst, etwas zu verlieren, kann sich also nicht ernsthaft auf den einzelnen Menschen beziehen, sondern immer nur auf die Beziehung zu ihm oder ihr. Insofern ist das Gefühl der Eifersucht vorrangig eine Angst, eine Beziehung bzw. eine bestimmte Qualität einer Beziehung, wie Liebe oder Freundschaft, verlieren zu können.

Heute unterscheidet man zunächst zwei Formen der Eifersucht: die antizipatorische oder argwöhnische Eifersucht und die reaktive oder »Fait accompli«-Eifersucht. Die erste wird ausgelöst, wenn der Partner sich einem anderen Menschen intim zuwendet oder die eigene Phantasie dies so erscheinen lässt. Hier ist ein großer Spielraum für Eifersuchtsphantasien jeglicher Art, für die Ausbreitung eines erotischen Raumes, der aus symbolischen Handlungen, Andeutungen, Flirts und viel Phantasie besteht.

Die zweite, reaktive Form der Eifersucht entsteht als eine emotionale Reaktion auf eine vollzogene Untreue des Liebespartners. Aber selbst bei einer vollzogenen Untreue ist noch die Frage, wie man einen solchen Vollzug definiert: Sind romantische Briefe an einen anderen Mann eine vollzogene Untreue, wie bei Fontanes Effi Briest? Sicher sind es persönliche Verabredungen mit einer Liebhaberin, wie sie Albert Einstein in seinem Haus in Caput organisierte, während er seine Frau zum Einkaufen nach Berlin schickte! Sind es persönliche E-Mails an einen anderen Mann, bei denen die Untreue darin besteht, dass emotionale Mitteilungen gemacht werden, die dem Ehemann vorenthalten werden? Sicherlich kann man von vollzogener Untreue sprechen, wenn eine Frau bereits ein Kind mit dem Liebhaber hat, wie es bei Cosima und Richard Wagner war! Oder sind erotische

Tagträume eine vollzogene Untreue, wie es bei Madame Bovary der Fall war? Was ist Untreue, was ist vollzogene Untreue? Wann hat die Eifersucht eine Berechtigung und wann nicht? Und selbst der Begriff der Realität löst sich dabei langsam auf. Eine Phantasie ist eine psychologische Realität, sie besteht und wirkt in der Person und der betroffenen Beziehung. Wir sehen, solche Fragen sind nicht nur individuell, kulturell, sozial, je nach Paarbeziehung und Geschlecht unterschiedlich, hier spiegelt sich jeweils auch die soziale Moral einer Zeit, letztlich der kulturelle Zeitgeist.

Weit vor der argwöhnischen und der reaktiven Eifersucht gibt es zunächst einmal die normale Eifersucht, als ein allen Menschen mehr oder weniger vertrautes Gefühl. Schon für Freud war die Eifersucht ein normales Gefühl, und das Fehlen jeglicher Eifersucht war für ihn eher ein Hinweis auf ihre Verdrängung oder Verleugnung. So schreibt er 1922 in seiner Schrift *Über einige neurotische Mechanismen bei Eifersucht, Paranoia und Homosexualität: Die Eifersucht gehört zu den Affektzuständen, die man ähnlich wie die Trauer als normal bezeichnen darf. Wo sie im Charakter und Benehmen eines Menschen zu fehlen scheint, ist der Schluß gerechtfertigt, daß sie einer starken Verdrängung erlegen ist und darum im unbewußten Seelenleben eine um so größere Rolle spielt* (Freud 2000, 219). Wichtig ist der letzte Satz: Wenn die Eifersucht zu fehlen scheint, sieht er darin einen Hinweis auf ihre Verdrängung und damit eine umso größere Wirkung im unbewussten Seelenleben. Und woran kann man merken, dass man dennoch eifersüchtig ist, obwohl man sich selbst vollkommen frei von diesem schwierigen Gefühl glaubt? Eine Art, wie sich die unbewusste Eifersucht auf das bewusste Erleben auswirken kann, ist die Projektion: Nicht ich bin eifersüchtig, sondern du!

Diese projizierte Eifersucht ist psychologisch interessant, weil es sich dabei oftmals um die eigenen Wünsche handelt, untreu zu werden, die in den Partner projiziert und damit erst realisiert werden. *Es ist eine alltägliche Erfahrung, daß die Treue, zumal die in der Ehe geforderte, nur gegen beständige Versuchungen aufrechterhalten werden kann. Wer dieselben in sich verleugnet, verspürt deren Andrängen doch so stark, daß er gerne einen unbewußten Mechanismus zu seiner Erleichterung in Anspruch nimmt. Eine solche Erleichterung, ja einen Freispruch von seinem Gewissen erreicht er, wenn er die eigenen Antriebe zur Untreue auf die andere Partei, welcher er die Treue schuldig ist, projiziert* (220). Projektionen machen das Leben leichter, entlasten von einem inneren Druck und fördern zugleich zutage, was vehement bestritten wird. Insofern könnte man psychologisch davon ausgehen, dass besonders eifersüchtige Menschen vielleicht selbst einen großen Drang in sich verspüren, untreu zu werden. Hier sind Irrtum, Denkfehler und Selbsttäuschung integrale Bestandteile der projizierten Eifersucht. Solche Menschen können in der Psychotherapie zu der Einsicht in die eigenen Projektionen gelangen, indem sie in der vertrauensvollen Beziehung zum Therapeuten ihre eigenen Begierden, Gelüste und Untreuewünsche entdecken.

Schon die normale oder konkurrierende Eifersucht erscheint als ein komplexes Gemisch aus Gefühlen. *Es ist leicht zu sehen, daß sie sich wesentlich zusammensetzt aus der Trauer, dem Schmerz um das verlorengeglaubte Liebesobjekt, und der narzißtischen Kränkung, soweit sich diese vom anderen sondern läßt, ferner aus feindseligen Gefühlen gegen den bevorzugten Rivalen und aus einem mehr oder minder großen Beitrag von Selbstkritik, die das eigene Ich für den Liebesverlust verantwortlich machen will* (219). Trauer, Schmerz, Kränkung, Feindseligkeit und Selbstkritik als Ingredienzen der normalen Eifersucht lassen schon erahnen, auf welch unterschiedliche Weise sie in Erscheinung treten kann. Überwiegen Trauer, Schmerz und Selbstkritik, kann sie eher zu einem sozialen Rückzug führen, werden dagegen Schmerz, Kränkung und Feindseligkeit stärker empfunden, dann kann diese Eifersucht zerstörerisch nach außen wirken.

Eifersucht ist ein Mischgefühl, das sich aus vielen anderen zu einer besonderen individuellen Mischung zusammensetzt und immer wieder auch in seinen Einzelteilen unangenehm empfunden werden kann. Es beinhaltet Ärger ebenso wie Angst, die Betroffenen fühlen sich enttäuscht, verraten, deprimiert, gekränkt, wütend und zutiefst verletzt. Mal ist das eine Gefühl mehr im Vordergrund, mal ein anderes, je nachdem, welche Gedanken im Fokus der Aufmerksamkeit stehen. Wird an den Rivalen oder die Rivalin gedacht, entstehen schnell Ärger, Wut und Zorn, wenn an den Verlust der Liebesbeziehung gedacht wird, insbesondere an die schönen Erlebnisse und Momente, dann entstehen Traurigkeit und Verlustängste. Insbesondere der Wechsel zwischen diesen Gefühlen ist emotional und energetisch anstrengend. Insofern erklärt sich, warum eifersüchtige Menschen sich wie in einer Achterbahn fühlen. Je länger die Fahrt andauert, desto schlechter geht es den Betroffenen und damit wird verständlich, dass der Gedanke an eine Trennung auftaucht, ja eine baldige Trennung sogar herbeigewünscht wird, nur um das Leiden zu beenden. Dann trennt man sich von einem Menschen, den man zwar noch liebt, mit dem man aber aufgrund der Eifersucht nicht mehr zusammenleben kann oder will. Insofern ist Eifersucht oftmals ein unerträglicher und schmerzhafter Prozess, der in einem unerwünschten Nebeneffekt das Selbstwertgefühl erheblich schwächt. Und gleich-

zeitig erscheint es möglich, dass ein geringes Selbstwertgefühl immer wieder eifersüchtige Gefühle hervorruft, weil
die betroffene Person davon ausgeht, nicht so geliebt zu werden, wie sie ist und daher glaubt, beständig in der Gefahr zu
leben, verlassen zu werden. Dies war sicherlich bei Othello
der Fall.

Die Auslöser für Eifersucht sind sehr unterschiedlich, je
nach Kultur, Nationalität oder auch Geschlecht, zunächst
noch einmal unabhängig von der Dauer und Qualität der
Paarbeziehung. In der Beziehung geht die Eifersucht mit weiteren unangenehmen Gefühlen einher, die sich gegenseitig
verstärken: Schuldzuweisungen, Vertrauensverlust, gegenseitigen Verletzungen, Gefühlen von Verrat und Desillusio-
nierung, Selbstzweifeln im Wechsel mit Zweifeln am Partner
und der Beziehung. Daher kann die Eifersucht verschiedene
Formen und Stärken annehmen, nicht zuletzt auch aufgrund
individueller Unterschiede in der Emotionsregulation. Meistens stehen Angst, Ärger und Trauer dabei im Vordergrund.
Eifersucht bleibt aber nicht bloß ein Gefühl. Es breitet sich
aus, beginnt, die Gedanken und Verhaltensweisen eines
Menschen zu beherrschen und setzt sich fort in der Paarbeziehung, der gesamten erweiterten Familie bis hinein in
den Freundeskreis. Insbesondere bei der reaktiven Eifersucht
findet diese Ausbreitung statt. Wenn die Untreue erwiesen
ist oder zumindest so erscheint, kann die Paarbeziehung
akut gefährdet sein und unmerklich in die Vorscheidungs-
phase übergehen.

Sobald das Gefühl der Eifersucht auftaucht, wird in Gedanken nach Erklärungen und Ursachen gesucht. Insofern
sind Eifersucht und Schuldgefühle immer eng miteinander
verknüpft. Wer trägt die Schuld an der Misere, wo sind die
Ursachen zu sehen, wer übernimmt die Verantwortung für

das Geschehene und die Folgen? Das Gefühl wird immer beherrschender, die seelische Bedrängnis immer größer, und daher unternimmt unser Denken den Versuch, das Gefühl zu verstehen und zu erklären. Aber das Denken funktioniert nach eigenen Gesetzen, basiert erheblich auf den bisherigen persönlichen Erfahrungen und versucht gleichzeitig, von eigenen Fehlern abzulenken. Das Denken ist insofern immer sehr freundlich zu dem Betroffenen und seinen – bewussten wie unbewussten – Interessen und Motiven. Das Denken verleitet dazu, die Ursachen jeweils beim anderen und nicht im eigenen Fehlverhalten zu sehen, es ist zunächst sehr verständnisvoll mit sich selbst und zugleich sehr kreativ in der Zuschreibung (Attribution) von Fehlern anderer. Die Denkrichtung ist nach außen gerichtet, sucht beim anderen und versucht dort noch zu differenzieren zwischen situativen und charakterlichen Aspekten. So kann ein One-Night-Stand anders bewertet werden als eine langjährige Liebesaffäre, kann die Verführung durch eine andere Frau besser verstanden werden als die gezielte Initiative des eigenen Mannes. War mein Mann eher Opfer weiblicher Eroberungslust, ist er dem Klang der Sirenen erlegen oder hat er aktiv und gezielt eine Liebesaffäre geplant und durchgeführt? Diese kognitive Verarbeitung der Eifersuchtsgefühle kann erheblich dazu beitragen, Ursachen zuzuordnen, Folgen abzuschätzen und damit die beteiligten Emotionen zu regulieren.

Nicht zuletzt sind solche Fragen auch entscheidend für die Schuld. Dies betrifft nicht nur die Schuld des Partners, sondern auch die eigenen unterschwelligen Schuldgefühle und ihre Verarbeitung. Dann tauchen Fragen auf wie: Warum war ich nur so blöd, dies nicht zu merken oder zu sehen? Was hätte ich tun können, um seine Untreue zu verhindern?

Manchmal frage ich in Paartherapien die »Opfer« der Untreue, wie lange es noch gedauert hätte, bis sie selbst eine Liebesaffäre begonnen hätten. Damit will ich weniger auf die Relativität von Opfer und Täter und die Fragwürdigkeit solcher Kategorisierungen hinweisen, als vielmehr den Blick auf die Paarbeziehung lenken. Denn Untreue, Eifersucht und Schuld sind keine reinen individuellen Eigenschaften, sondern oftmals Versuche, eine in die Sackgasse geratene Paarbeziehung erträglich zu machen.

Bei diesen kognitiven Verarbeitungen von quälender Eifersucht und belastenden Schuldgefühlen sind mentale Landkarten sehr entscheidend. Sie bestehen im Wesentlichen aus allen bisherigen Erfahrungen rund um das Thema, die bei der rationalen Verarbeitung zu Rate gezogen werden. Dabei werden auch und vor allem unbewusste Aspekte hinzugezogen. So erinnerte sich eine Klientin plötzlich im Zusammenhang mit einer Liebesaffäre ihres Mannes daran, dass ihr Vater *ein notorischer Fremdgeher* gewesen sei und dass ihre Mutter jahrelang sehr darunter gelitten habe. Dies war ihr bis dahin gar nicht mehr bewusst gewesen, erklärte aber einen wesentlichen Teil ihrer Wut und Verzweiflung, die besonders heftig ausfielen. Sie hatte das Gefühl, das Leiden ihrer Mutter noch einmal zu erleben, wie sie es als Kind auch miterlebt hatte, ohne die Tränen der Mutter damals wirklich verstehen zu können. Jetzt konnte sie plötzlich nachvollziehen, warum ihre Mutter so reagiert hatte, wie viel Wut und Verzweiflung sie empfunden hatte und wie es sein konnte, dass ihre eigene Wut heute eine Fortsetzung und zugleich Verstärkung der mütterlichen Wut war. Solche mentalen Landkarten als Grundlage von Denken und Attributionen haben sowohl biografische, als auch unbewusste und intergenerationelle Anteile.

Das Sprechen und Nachdenken über die frühen kindlichen Erfahrungen mit der eifersüchtigen Mutter und dem untreuen Vater kann die unbewussten und deshalb noch wirksamen Erfahrungen bewusstwerden lassen. Unbewusstes wird erst durch Sprache und Denken bewusst, kann so reflektiert und eingeordnet und damit als bedeutsam oder unbedeutend für das heutige Handeln bewertet werden. So können die eigenen Denk- und Handlungsmuster besser verstanden und damit neue Optionen im Umgang mit den aktuellen Problemen gefunden, geprüft und angewandt werden.

Wie lassen sich die geschlechtsspezifischen Unterschiede im Umgang mit der Eifersucht verstehen? Evolutionsbiologen haben hier eine sehr grundsätzliche und beinahe emotionslose Einschätzung. Männer sind daran interessiert, ihre Gene möglichst zu verbreiten und daher müssen sie stets versuchen, eine Gewissheit über ihre Vaterschaft bei Kindern zu bekommen. Dies erscheint eindeutig gefährdet, wenn die Frau nicht treu ist, insofern achten Männer sehr auf die sexuelle Treue der Frau. Frauen hingegen können sich meist sicher sein, wer der Vater ihres Kindes ist, müssen allerdings die eigene und die Versorgung ihrer Kinder sicherstellen. Daher achten sie besonders auf die emotionale Bindung zwischen den Partnern. Insofern sprechen Evolutionsbiologen von einer sexuellen Eifersucht bei Männern und einer emotionalen oder Beziehungseifersucht bei Frauen. Dies kann sich zusätzlich mit kulturellen Besonderheiten mischen. Bei den Bari, einem Volksstamm in Venezuela, gab es die Tradition, dass Frauen noch während ihrer Schwangerschaft promiskuitiv waren, also Sex mit mehreren Männern hatten, um damit sicherzustellen, dass sie und ihr Kind versorgt werden. Entsprechend waren die kulturellen Werte so ausgerichtet, dass es von Vorteil sei, wenn ein Kind mehrere Väter habe. Nahezu alle empirischen Untersuchungen bestätigen, dass Frauen die emotionale Beziehung zum Partner als wichtiger bewerten und Männern die sexuelle Treue (Hupka/Otto 2009, 607). Dies zeigt sich auch darin, dass Frauen scharf mit Eifersucht reagieren, wenn die Rivalin sehr gut aussieht und der Mann besonders dann eifersüchtig wird, wenn der Rivale einen höheren sozialen Status innehat.

Die Anlässe zur Eifersucht sind vielfältig. Es beginnt beim Flirten und endet bei der Frage des außerehelichen Sex (swinging). Auch die Eigenschaften und Fähigkeiten – die realen und die vermuteten – der jeweiligen Rivalen haben Einfluss auf das Maß an Eifersucht und die möglichen Folgen. So geht man davon aus, dass die Eifersucht bei Männern besonders stark ist, wenn die größeren Kompetenzen des Rivalen in einem Bereich liegen, der auch für den Betroffenen wichtig ist. Hier wird besonders deutlich, dass Eifersucht eine Bedrohung des Selbstwertgefühls und des Selbstvertrauens ist. Dies kann bis zum Gefühl der eigenen Wertlosigkeit gehen und damit die Selbstachtung gefährden.

In besonderen Fällen – wie auch bei Othello – geht ein niedriges Selbstwertgefühl der Eifersucht voraus. Solche Menschen glauben, einen so wunderbaren Partner gar nicht zu verdienen und sind daher der festen Überzeugung, sowieso irgendwann von diesem betrogen und verlassen zu werden. Tritt dann eine solche Situation ein – und sei es auch nur als fixe Idee oder wiederkehrende Phantasie –, dann schwächt dies zusätzlich das geringe Selbstwertgefühl. Auf solche Weise können sich Eifersuchtsgefühle bis zu einem Punkt steigern, an dem eine radikale Trennung – auch durch Gewalt – notwendig werden kann, um das eigene lädierte Selbst noch zu retten und im Akt der Trennung kurzzeitig zu stabilisieren. Damit haben wir einen Fall von pathologischer oder wahnhafter Eifersucht, die sieht, was sie sehen will. Sie erkennt die Gründe für die Eifersucht in jeder Handlung des Partners, ist fest von der Untreue des anderen überzeugt und hat damit kaum noch einen Zugang zu den in den eigenen Phantasien verborgenen Gelüsten und Untreuewünschen. Ein besonders eindringliches Beispiel einer pathologischen Eifersucht beschreibt Tolstoi in seiner *Kreutzersonate*. Hier durchläuft die Eifersucht in ihren einzelnen eskalierenden Phasen alle Formen, von der argwöhnischen bis zur Raserei; es beginnt mit Beethoven und endet mit einem Mord aus Eifersucht.

DIE RASENDE EIFERSUCHT

Leo Tolstoi hat in einem kleinen, aber feinen Werk beschrieben, wie ein Mann eindeutig den Betrug seiner Frau daran erkannt hat, dass diese mit dem Klavierlehrer so harmonisch und eindringlich gemeinsam die »Kreutzersonate« von Beethoven musizierte, dass dahinter nur die geheime Liebe die Instrumente zum Erklingen bringen konnte. Und damit war die Untreue der Frau für ihren Ehemann erwiesen.

Während der nächtlichen Fahrt mit der Bahn erzählt ein Mann namens Posdnyschew einem Mitreisenden die Geschichte, wie er aus Eifersucht seine Frau ermordete. Im jugendlichen Alter von 16 Jahren macht ein Freund nach einer Zecherei den Vorschlag, zu Prostituierten zu gehen. *Ich erinnere mich, wie mir gleich hinterher, ehe ich das Zimmer noch verlassen hatte, traurig zumute wurde, so traurig, dass ich am liebsten geweint hätte, geweint über den Verlust meiner Unschuld, über mein für alle Ewigkeit zerstörtes Verhältnis zum Weib … Ich war geworden, was man einen Hurer nennt*

(Tolstoi 1984, 32). Diese jugendliche Wandlung zum Hurer ist für ihn ein Meilenstein auf dem Weg zum Mörder. Für ihn entsteht seine ganz eigene Logik, aus der er nicht mehr herauskommt. Als Hurer hat er nicht nur seine Unschuld verloren, sein ganzes Verhältnis zum weiblichen Geschlecht hat sich geändert. Er wurde zu einem männlichen Triebwesen, das fortan die Frau primär als Sexualobjekt ansah. Und da dies alle Männer tun, weil alle in der gleichen gesellschaftlichen Moral oder Unmoral leben und groß werden, sind alle Frauen für alle Männer nur noch Sexualobjekte. Und daraus wiederum folgt, dass man sich seiner Frau nie sicher sein kann. Eifersucht ist damit alltäglich und notwendig. Und warum wehren sich die Frauen nicht gegen die sexuellen Begierden der Männer? Tolstoi antwortet ganz im Sinne einer modernen emanzipierten Frau: Weil sie keine Chance gegen die Macht und Vorherrschaft des Mannes haben, weil sie abhängig von ihm sind, weil sie sich unterordnen müssen. In diesen Gedanken erkennt man den Schöpfer der *Anna Karenina*.

Aber Posdnyschwes frühe Verdorbenheit als Hurer erspart ihm nicht das Erlebnis der Liebe. Jenseits des dreißigsten Lebensjahres lernt er eine Frau kennen, in die er sich verliebt, aber auch hier unterliegt er einer Täuschung, *dass das Schöne auch das Gute sei* (35). Er erzählt dies alles, weil er die früh erfahrene sexuelle Zügellosigkeit, die männliche sexuelle Sicht auf das weibliche Geschlecht, als die spätere Ursache seines Mordes ansieht. Dieser Eifersuchtsmord war nur die logische und letzte Konsequenz einer fragwürdigen Moral. Er war moralisch verdorben durch eine Gesellschaft, die eine Sexualisierung der Geschlechterbeziehungen nicht nur duldet, sondern unterstützt. In seinem Kopf, seinem Denken und Handeln, war das Weib die beständige sexuelle Versuchung des Mannes geworden und nur auf der Grundlage dieses Bildes der Frau waren die Zeichen ihrer Untreue eindeutig und musste er schließlich handeln, wie er es tat. Ähnlich wie bei Büchners *Woyzeck*, nur in einer intellektuellen und reflektierten Variante, kritisiert er die gesellschaftlichen Bedingungen der Geschlechterverhältnisse, die letztlich darauf hinauslaufen, zu verführen und verführt zu werden. Insofern ist er Täter und Opfer zugleich. Er erliegt den körperlichen Reizen der Frau, ihrer unzweifelhaften Schönheit, aber: *Wir hatten nichts, worüber wir hätten reden können* (47). Ihre eheliche Beziehung ist geprägt von tiefen Konflikten, auf hasserfüllten Streit folgen sexuelle Versöhnungen, ein *ekelhaftes Verhältnis* (55). Diese Form der Ehe war für ihn der eigentliche Mord, nicht die Bluttat.

Die sexuelle Begierde des Mannes, die niemals und unter keinen Umständen gezähmt werden kann, ist der Mord der Männer an den Frauen, und die Frauen haben keine Wahl, diesem vermeintlichen Schicksal zu entrinnen. Auch Posdnyschew hat seine Frau lediglich als Sexualobjekt behandelt, hat sie geschwängert, sie immer nur zu seiner sexuellen Befriedigung gebraucht. *So lebte auch ich wie ein Schwein* (64). Wenn seine Frau gerade nicht schwanger war, und er sich ihrer nicht sicher sein konnte, hatte er ständige Eifersuchtsanfälle. Sie war so schön, kokettierte so gern mit ihrer Attraktivität, dass er in der beständigen Angst lebte, sie zu verlieren. Nur wenn er eifersüchtig über sie wachte oder sie schwanger war, konnte er sich ihrer halbwegs sicher sein. Für ihn war es nur eine Frage der Zeit, bis ein anderer Mann ihre Schönheit entdeckte, sie umwarb, und sie diesem Werben erlag. *Während meines ganzen Ehelebens habe ich nie aufgehört, Eifersuchtsqualen zu leiden* (68). Seine Frau gebar fünf Kinder in acht Jahren der gemeinsamen Ehe.

Es kam, wie es kommen musste. Das ständige Hin und Her zwischen feindseligen Streitereien und sexuellen Versöhnungen wurde immer grotesker. *Wir waren zwei Sträflinge, die an eine Kette geschmiedet sind, einander hassen, sich gegenseitig das Leben vergiften und sich bemühen, das nicht zu sehen. Ich wusste damals noch nicht, dass von hundert Ehepaaren neunundneunzig in der gleichen Hölle lebten wie ich und dass es nicht anders sein konnte* (81). Im letzten Halbsatz steckt das ganze soziale Elend der Ehe und der Geschlechterbeziehungen, er hätte auch von August Strindberg stammen können. Die Familie zieht in die Stadt, die Bediensteten helfen im Haus, die Frau erscheint unausgelastet und möchte gern wieder musizieren, wie sie es früher tat. Sie engagieren einen Geiger, um sie am Klavier zu begleiten. Er bittet diesen zweitklassigen Musiker, mit seiner Frau zu musizieren, lädt ihn ein, um sie zu werben, und treibt damit seine Qualen ins Unermessliche. Der Mord ist letztlich nur noch die Spannungsentladung, das Finale einer perfiden Inszenierung, die lange vorher begonnen hatte. *Vom ersten Augenblick an, als seine Blicke und die meiner Frau sich trafen, sah ich, dass das Tier, das in beiden saß, über alle gesellschaftlichen Konventionen hinweg fragte: »Darf ich?« Und die Antwort lautete: Gewiß!* (100). Er sieht, was er sehen will, er sieht die Geilheit des Mannes, die seine eigene ist, und er sieht die kokettierende Bereitschaft seiner Frau, die er ihr unterstellt. Alles das ist ihm glasklar. Er gesteht seiner Frau die unbändige Eifersucht, aber sie lacht ihn nur aus und fand es absurd zu denken, *dass sie für einen solchen Menschen Neigung empfinden könnte* (111). Aber dann musste er mit ansehen und anhören, wie beide bei einem kleinen Konzert zusammen die »Kreutzersonate« von Beethoven spielten, so innig, harmonisch, eindringlich, mit leuchtenden Augen, dass es keines weiteren

Beweises ihrer Intimität bedurfte. Zwei Tage später muss er auf eine Geschäftsreise gehen, bricht diese allerdings mittendrin ab, reist auf schnellstem Wege wieder nach Hause, kommt dort nachts um ein Uhr an, findet beide beim gemeinsamen Essen vor, schlägt den Musiker in die Flucht und ersticht seine untreue Frau. Er hat sie aus Eifersucht ermordet, weil er in seiner Logik sein Liebesobjekt töten muss, wenn er sie nicht allein besitzen kann. Sein Fehler war es zu glauben, was er dachte. Insofern waren der Anlass und der konkrete Zeitpunkt unbedeutend, denn dass er sie niemals allein würde besitzen können, war ihm von Beginn an klar. Seine Eifersucht war eine stabile Projektion seiner eigenen Begierden und eine an der Realität ausgerichtete Kontrolle dieser Eifersuchtsgedanken war ihm nicht mehr möglich.

Welche Möglichkeiten gibt es, der Geißel der Eifersucht zu entfliehen, ja, sie von Beginn an zu verhindern? Einfach so zu tun, als gäbe es sie nicht, erscheint naiv und ungesund. Manche Menschen suchen sich einen Partner, der ihnen weit unterlegen ist, weil sie damit meinen, sicherstellen zu können, dass sie nicht verlassen werden (»Solch einen tollen, erfolgreichen und gutaussehenden Mann wie mich bekommst du nie wieder«). Manche Menschen suchen sich besonders junge Partner, die sie in ihrem Sinne zu formen versuchen, aber auch dies erscheint unsicher, weil diese jungen Menschen sich im Laufe ihrer Entwicklung von ihren frühen Beziehungen in der Regel emanzipieren wollen und müssen. Diese Variante wurde am besten beschrieben von dem römischen Dichter Ovid in seinen *Metamorphosen*. Dort hat sich Pygmalion aus Wachs seine Traumfrau geformt (man beachte die Äußerlichkeit) und dann die Götter lange gebeten, dieser Wachsfigur Leben einzuhauchen. Seine Bitte wurde erhört und fortan lebte er mit einem Geschöpf, das er selbst erschaffen hatte. Ob er jemals auf sie eifersüchtig wurde? Wahrscheinlich hatte er dieses Problem nicht, dafür aber die endlose Langeweile einer Beziehung, die er mit einem von ihm geschaffenen Geschöpf einging. Die sicherlich radikalste Lösung im Umgang mit der Eifersucht besteht vielleicht darin, gar keine Liebesbeziehung einzugehen, oder besser noch, eine solche Beziehung ausschließlich in der Phantasie zu pflegen, sie gar nicht real werden zu lassen. Vielleicht hätte Pygmalion es bei der wunderbaren Phantasie belassen und seine Traumfrau gar nicht lebendig werden zu lassen sollen?

DIE MACHT DER PHANTASIE

Das wahrscheinlich bedeutendste Werk der Weltliteratur über die Macht der Phantasie stammt von einem Mann, der ein ausgewiesener Fachmann für das vermeintliche Gegenteil, nämlich Professor an der Oxford University für mathematische Logik war: Lewis Carroll. Sein Buch *Alice im Wunderland* wurde erstmals 1865 veröffentlicht und 1951 von Walt Disney verfilmt. Im Schlaf kommt Alice ins Wunderland und wird begleitet von einem sprechenden Kaninchen. Dort begegnet sie seltsamen Gestalten wie Mock-Turtle, Humpty-Dumpty oder den Spielkartenleuten. Sie leben in einer Welt mit einer besonderen Logik und ganz eigenen Gesetzen und verwickeln Alice fortlaufend in absurde Diskussionen. Die arme Alice versucht sich mit ihrer Schulweisheit zu wehren, was heftig misslingt und Alice meist in einem verwirrten Zustand zurücklässt. Die Logik wird von der unlogischen Phantasie konterkariert, Prinzipien der Sprache und des Denkens werden aufgelöst, das Irrationale beherrscht die Logik und das rationale Denken wird ad absurdum geführt. *Es lebe die Phantasie!*, ruft der Fachmann für Logik.

Die Phantasie ist die Kreativabteilung unseres Denkens, in gutem wie in schlechtem Sinne. Und diese Phantasie hat große Auswirkungen auf unsere Beziehungen. Sie kann sogar darüber mitentscheiden, ob wir uns wohl oder unwohl fühlen, geliebt oder ungeliebt, begehrt oder zurückgewiesen, akzeptiert oder abgelehnt. Solange sich die innere Phantasie im Einklang mit der äußeren Wirklichkeit befindet, geht es uns relativ gut, aber Widersprüche können nicht lange ertragen werden; dies gilt insbesondere bei starken Gefühlen wie Misstrauen oder sogar Eifersucht. Diese Gefühle sind in unserer blühenden Phantasie gewachsen und sie lassen uns keine Ruhe, bis wir in der äußeren Wirklichkeit eine Antwort gefunden haben, die unser Misstrauen und unsere Eifersucht bestätigt oder als unbegründet verwirft.

Vor einigen Jahren hielt ich eine Lesung in einem katholischen Kulturhaus. Eine Nonne betreute freundlicherweise den Büchertisch mit meinen Büchern für die Zuhörerinnen, daher kam ich mit ihr ins Gespräch. Da es bei meinem Vortrag um Paarbeziehungen ging, fragte ich sie, ob sie sich in einem gewissen Sinne als Single bezeichnen würde. Sie lächelte mich verständnisvoll und vielsagend an und verneinte, sie sei doch mit dem Herrn Jesus Christus zusammen. Ich fragte nach, ob es sie nicht störe, dass so viele Frauen mit Jesus Christus zusammen seien und sie antwortete, weiterhin lächelnd ob meiner Naivität: *Ich bin ja nicht wirklich mit ihm zusammen, sondern mit meinem inneren Bild von ihm und das ist einzigartig.* Diese sehr psychologische Antwort brachte mich zu der Frage: Geht uns das nicht allen so, sind wir nicht alle letztlich mit dem inneren Bild unseres Partners zusammen, und manchmal sogar mehr als mit dem realen Menschen?

Die menschliche Phantasie beflügelt das eigene Denken und verfügt über schier unbegrenzte Möglichkeiten. Sie kann kreativ sein, Sehnsüchte verwirklichen, der Realität entfliehen, eine Ersatzwelt erschaffen, Lösungen ermöglichen oder ungeheure Qualen bereiten. Wer menschliche Schrecken erlebt hat, wie bei schweren Traumatisierungen, der wird von der eigenen Phantasie immer wieder eingeholt, leidet unter den wiederkehrenden Bildern (Flashbacks), kann sich ihnen aber kaum entziehen und wünscht sich nichts sehnlicher, als das eigene Kopfkino abstellen zu können. Die Phantasie kennt keinen Raum und keine Zeit, keinen Anfang und kein Ende, keine Gesetze und keine Moral. Sie wird genährt durch Erfahrungen, die im Zusammenhang stehen mit Verlusten, Verlassenheit, Einsamkeit und eigener Ohnmacht und Wertlosigkeit. Insofern kann sie sich hoffnungslos irren, aber sie kann auch hilfreich und kreativ sein, um Untreue oder schlicht dem Verlassenwerden auf die Spur zu kommen. Zunächst ist da ein diffuses Gefühl, das nicht mehr abgewehrt werden kann und dann versucht der Verstand Wege zu finden, dieses Gefühl zu verifizieren.

So berichtete ein Klient folgende Geschichte: *Seitdem ich den Gedanken habe, dass meine Frau stundenlang im Internet ist und chattet, bekomme ich immer größere Gewissheit, dass sie dort einen Liebhaber hat. Wenn ich sie frage, wiegelt sie immer ab, sie chatte nur mit Freundinnen, aber warum macht sie das so lange und so heimlich? Diese Gedanken haben sich in meinem Hirn festgesetzt und ich werde sie nicht mehr los. Nein, es gibt sonst keine Anzeichen dafür, dass sie fremdgeht. Unsere Beziehung würde ich weitgehend auch noch als gut einschätzen, also normal, so wie immer, da hat sich nichts*

Wesentliches geändert. Sie sagt mir mit den gleichen Worten wie unsere Tochter, dass ich nur Filme schiebe, ich hätte eine Paranoia. Aber ich werde meine Gedanken nicht mehr los, was mache ich jetzt?

Die Phantasie gebiert Gedanken, die sich wie ein Virus ausbreiten und den Alltag infizieren. Aus der Phantasie entstehen Zweifel, diese werden immer stärker, weil immer neue Informationen die Zweifel zu bestätigen scheinen. Man interpretiert die Welt durch die Brille der zunehmenden Zweifel, bis sie sich zu voller Gewissheit entwickelt haben, und dann brechen sie in starken Gefühlswallungen heraus. Wer von diesen zweifelnden und eifersüchtigen Gedanken besetzt wird, scheint ihnen ausgeliefert zu sein und nicht mehr entrinnen zu können.

Der betroffene Klient hatte eine Idee, die ebenso kreativ wie perfide war. Da er von seiner Frau auf seine wiederholten Fragen und angedeuteten Zweifel immer nur abwehrende Antworten bekam, nutzte er seine Kenntnisse des Internet und folgte ihren Spuren im Netz um zu sehen, was sie tat. Er fand den Chat mit einem Mann, der bereits über mehrere Monate ging. Dann nahm er Kontakt zu diesem Mann auf, indem er sich im Chatroom als Frau ausgab, führte über eine Woche einen immer stärker erotisch und letztlich nur noch sexuellen Kontakt zu diesem Mann, druckte anschließend seinen E-Mailverkehr mit diesem Mann aus und legte ihn seiner Frau mit den Worten auf den Tisch: *Da siehst du, der treibt es doch mit jeder!* Sie reagierte empört und verwirrt, musste aber auch lachend eingestehen, dass sie *ein naives Huhn* war und er sie vor einer großen Trottelei bewahrt hätte. Sie hatte sich schon ernsthaft überlegt, *diesen tollen Mann mal zu besuchen, natürlich ohne Hintergedanken, einfach mal so.*

Man kann versuchen, der Eifersucht zu entfliehen, indem man eine Liebesbeziehung nur in der Phantasie eingeht, dann ist man scheinbar auf der sicheren Seite. Wenn es diese Beziehung gar nicht real, sondern nur phantasiert gibt, dann kann kein anderer die Exklusivität dieser Beziehung stören. Eines der schönsten Beispiele für eine wahrhaft phantastische Beziehung ist die Liebe zwischen dem Junker Don Quixote und seiner süßen, angebeteten Geliebten Dulcinea, wie sie Miguel de Cervantes Saavedra in seinem spanischen Klassiker *Der scharfsinnige Ritter Don Quixote von der Mancha* (1975) beschreibt. Dulcinea, diese süße Geliebte des Don Quixote, ist ein reines Phantasieprodukt. Daher ist sie rein, immer treu und widerspricht nie. Sie hat allerdings eine reale Vorlage und gehört nach Ansicht des selbsternannten Ritters zu seiner Grundausstattung, so wie sein Pferd Rosinante und sein Diener Sancho Pansa. Der Ritter freute sich, *als ihm gar noch einfiel, wen er sich zur Dame wählen könnte. Es war, so glaubt man, ein hübsches Bauernmädchen in einem benachbarten Dorf, in das er einmal verliebt gewesen war, obgleich es der Sage nach weder davon gewusst noch sich darum gekümmert hatte. Sie hieß Aldonza Lorenzo, und sie schien ihm vollkommen geeignet, die Herrin seines Herzens zu werden. Er suchte ihr einen Namen, der dem seinigen einigermaßen entspräche und dabei halbwegs auf eine Prinzessin und große Dame schließen ließe. Endlich fand er ihn und nannte sie Dulcinea des Toboso, weil sie aus el Toboso gebürtig war: ein Name, der in seinen Ohren ebenso melodisch, fremdartig und bedeutsam klang wie die anderen, die er sich und seinem Klepper gegeben hatte* (65). So schreibt Iwan Turgenjew in der Einleitung: *Don Quixote liebt Dulcinea, ein Weib, das in Wirklichkeit gar nicht vorhanden ist. Er ist bereit, für sie zu sterben … Seine Liebe ist rein und ideal, so ideal, dass ihm*

nicht einmal der Argwohn kommt, der Gegenstand seiner Lei-
denschaft könnte überhaupt nicht vorhanden sein; so rein,
daß, als Dulcinea in Gestalt einer groben und schmutzigen
Bäuerin vor ihn hintritt, er dem Zeugnis seiner eigenen Augen
nicht glaubt und meint, die Schöne wäre von einem bösen
Zauberer verwandelt (21). Es scheint, als schütze er seine
Phantasie vor der Realität und wenn diese ihm doch mal in
die Quere kommt, dann wird die Realität eben phantasie-
voll verwandelt. Solange er stabil bleibt in seinen Liebes-
phantasien, erscheint er immun gegen alle Anfeindungen
der Realität. Obwohl Cervantes *Don Quixote* im selben Jahr,
1615, erschien wie Shakespeares *Othello*, besitzt er eine unge-
ahnte Aktualität durch sein Spannungsverhältnis zwischen
Virtualität und Realität.

VIRTUELLE VERWIRRUNGEN

Viele Menschen plagen sich immer wieder mit der Frage, ob
sie ihren Gefühlen vertrauen können, ob diese echt oder
unecht, berechtigt oder unberechtigt sind. Dieses Dilemma
wird kompliziert durch die virtuellen Welten, in denen wir
gleichzeitig leben, die allerdings manchmal nach anderen
Gesetzmäßigkeiten funktionieren als die sogenannten realen
Welten. Es gibt auch Menschen, die sich in der virtuellen
Welt besser verstehen als in der realen, weil die Phantasie das
Bild des anderen meist beschönigt. Vielleicht gibt es ein digi-
tales Denken und Fühlen, das für manche Menschen reiz-
voller und einfacher erscheint. So berichtet mir ein Paar in
einer akuten Trennungskrise, dass sie sich am Beginn ihrer
Beziehung lange Mails geschrieben haben, bei denen sie sich
ineinander verliebten, bevor sie sich real kennenlernten. Ins-

besondere die Frau betonte, noch nie in ihrem Leben so schöne Mitteilungen, Gedichte und Beschreibungen bekommen zu haben wie in seinen Mails. Und er bestätigte und betonte, dass er sich am PC besser ausdrücken könne als im direkten Gespräch. Da fühle er sich nicht so unter Druck gesetzt, habe mehr Zeit und könne besser überlegen, wie es um seine Gefühle und Gedanken stehe. Daher habe ich ihnen vorgeschlagen, doch einmal zu überlegen, ob sie nicht für eine Weile die realen Kontakte reduzieren und vorzugsweise virtuell kommunizieren wollen, bevor sie sich endgültig trennen.

Es gibt einen modernen deutschsprachigen Roman über eine virtuelle Beziehung, die als Missverständnis anfängt, sich in der Phantasie immer stärker ausbreitet, zu einer erheblichen Verwirrung der Gedanken und Gefühle führt und den Übergang in die analoge Wirklichkeit sucht, weil beide endlich sehen und fühlen wollen, wer sich hinter den Zeilen verbirgt: *Gut gegen Nordwind* von Daniel Glattauer (2006). Eine gewisse Emmi Rothner möchte gern ihr Zeitschriftenabonnement abbestellen und schreibt nicht der Zeitschrift, sondern an eine falsche E-Mailadresse. Der Adressat Leo Leike hat nichts mit der Zeitschrift zu tun und schreibt ihr zurück. Daraus entwickelt sich ein E-Mailkontakt mit fatalen Folgen, denn es entwickelt sich eine eigene Dynamik, der sich beide nicht mehr entziehen können. Er schreibt ihr: *Ich bin in unserem Dialog nämlich an einem heiklen Punkt angelangt. Sie, die gewisse Emmi mit Schuhgröße 37, beginnt mich schön langsam mehr zu interessieren, als es dem Rahmen, in dem ich mich mit ihr unterhalte, entspricht. Und wenn sie, die gewisse Emmi mit Schuhgröße 37, von vornherein feststellt: »Wahrscheinlich werden wir uns niemals sehen«, dann hat sie natürlich völlig Recht und ich teile ihre Ansicht. Ich halte das für sehr, sehr klug, dass wir davon ausgehen, dass es zu keiner Begegnung zwischen uns kommen wird. Ich will nämlich nicht, dass die Art unseres Gesprächs hier auf das Niveau eines Kontaktanzeigen- und Chatroom-Geplänkels absinkt* (17). Aber die Dynamik ist entfaltet, das Interesse für den jeweils anderen ist angestachelt, die Sehnsucht nach dem unbekannten Anderen ist entfacht. Leo lebt in einer unglücklichen Auf-und-Ab-Beziehung und Emmi bezeichnet sich als glücklich verheiratet. Er erinnert sie an den Charakter ihrer Beziehung: *Wir erzeugen virtuelle Fantasiegestalten, fertigen illusionistische Phantombilder voneinander an* (19). Aber sie antwortet: *Ich bin süchtig nach Emails von Leo!* (20). Es sind Liebessehnsucht und Einsamkeit, die sie virtuell immer weiter miteinander verstrickt. Sie schreiben sich täglich, teilweise im Minutenabstand, teilen sich intime Details ihres Lebens mit, schaffen damit eine intensive emotionale Nähe, die sie in ihrer privaten Realität vermissen, ohne sich dies eingestehen zu können. Sie halten zunehmend die physische Distanz nicht mehr aus, verabreden sich als Kompromiss in einem Café, aber nicht direkt, sondern nur zur gleichen Zeit, schreiben sich danach wieder und geben ihrer Phantasie, ihrer Liebessehnsucht und ihrem mittlerweile gestiegenen Begehren immer mehr Nahrung. Und sie tauschen intensiv ihre Gefühle aus, sodass Emmi schreibt: *Ich habe schon lange mit niemandem so heftig Gefühle ausgetauscht wie mit Ihnen ... Ich kann in meinen Emails an Sie so sehr die echte Emmi sein wie sonst nie* (98). Und dann schreibt sie den Satz, auf den es ankommt: *Sie nehmen mich so wie ich bin* (98). Sie berichtet, sie habe schlecht geschlafen, weil es Nordwind gebe und er empfiehlt ihr, sich um 180 Grad im Bett zu drehen, mit den Füßen zum Fenster zu schlafen, und sie antwortet: *Leo, ich hab Sie sehr, sehr gern.*

Sie sind fantastisch gut gegen Nordwind (142). Sie wollen telefonieren, nur einmal die Stimme des anderen hören, mehr nicht, und als Kompromiss sprechen sie sich gegenseitig auf die Anrufbeantworter.

Ihre gemeinsame Zeit im E-Mailkontakt wird immer intensiver, bis der Ehemann von Emmi sich schließlich bei Leo meldet, um ihn zu bitten, endlich seine Frau zu treffen, ja sogar mit ihr Sex zu haben, nur damit der Spuk ein Ende hat. Seine Ehe sei in ernster Gefahr, er habe gegen den virtuellen Leo als realer Mann keine Chance. Er schreibt: *Und hier nun meine Bitte: Herr Leike, treffen Sie sich mit meiner Frau! Bitte tun Sie es, damit der Spuk sein Ende hat! ... Ich leide unter meiner Unterlegenheit und Schwäche ... Stundenlang sitzt sie in ihrem Zimmer und starrt in ihren Computer, in den Kosmos ihrer Wunschträume. Sie lebt in ihrer Außenwelt, sie lebt mit Ihnen ... Ja, treffen Sie sich mit ihr, verbringen Sie eine Nacht mit ihr, haben Sie Sex mit ihr! Ich weiß, dass Sie es werden haben wollen. Ich erlaube es Ihnen ... Ich spüre, Emma sucht nicht nur die geistige, sondern auch die körperliche Nähe zu Ihnen, sie will es wissen, glaubt es zu brauchen, ihr verlangt danach* (180–184). Und Leo antwortet dem Ehemann, er solle sich an seine Ehefrau wenden, er sei der falsche Adressat. Und dann bekommt er eine Stelle in den USA, in Boston, und deshalb möchte er den Kontakt beenden. Sie will ihn nur einmal treffen, bevor er geht, will zu ihm kommen, hält spontanen Sex für nicht ausgeschlossen, will gleich zu ihm kommen, also bis gleich. Sie verabschiedet sich von ihrem Mann und dieser wünscht ihr einen schönen Abend, er sagt: *Amüsiere dich gut, Emmi!* (222). Er hat sie nie Emmi genannt, immer nur Emma, deshalb weiß sie plötzlich, dass er alles weiß – und kann nicht mehr zu Leo gehen. Am nächsten Tag ist er fort und sie schreibt ihm vergebens: *Ich glaube, ich liebe dich* (223). Aber sie erhält nur noch eine elektronische Abwesenheitsnotiz.

Zwei Menschen haben sich im Internet verliebt und man spürt diese Verliebtheit in jeder Zeile ihrer E-Mails. Aber wenn Emmi am Schluss schreibt: *Ich liebe dich!*, wen meint sie dann damit? Sie hat Leo nie gesehen, keine Stunde mit ihm verbracht, keinen Tag, schon gar keinen Alltag erlebt. Beide haben sich in ein Bild vom anderen verliebt. Im Schutz der Virtualität des Internet haben sie eine emotionale Nähe hergestellt und gehalten, die unglaublich intensiv war, aber sie blieb virtuell. In dem Folgebuch *Alle sieben Wellen* kann man nachlesen, wie die Geschichte in der Realität weitergeht. Für die meisten romantischen Leser wahrscheinlich ebenso ernüchternd und enttäuschend, wie Ehen für solche Menschen nun mal sind.

Ist die Ehe als symbolischer Akt, als lebenslanges Versprechen, als ultimatives Commitment eine Möglichkeit, dem Misstrauen und der Eifersucht zu entfliehen? Othello war mit Desdemona verheiratet, aber dies hat ihn nicht davon abgehalten, sie umzubringen. Wie steht es um die Eifersucht in der Ehe, ist sie geschützter oder nur eine andere Form der Falle, ist gar die Ehe selbst eine Falle, eine Ehe-Falle?

DIE EHE-FALLE

Du willst mich nicht heiraten, weil du es nicht ernst meinst …

Nein, ich möchte gerne möglichst lange mit dir zusammen sein und will dich deswegen nicht heiraten.

Das nennt man fehlendes Commitment …

Nein, das nennt man Realismus. Wenn ich dich nicht heirate, können wir uns auch nicht scheiden lassen …

Aber trennen können wir uns trotzdem. Das ist doch naiv, nicht heiraten zu wollen, um einer Scheidung aus dem Weg zu gehen.

Nein, das ist klug, ohne Ehe keine Scheidung. Und da ich es wirklich ernst mit dir meine, will ich dich nicht heiraten ...

Ich will aber geheiratet werden, deine Logik verletzt mich ...

Nein, meine Logik ist eine Liebeserklärung, die du einfach nicht verstehst.

Die Frau war unglücklich darüber, dass sie bereits zwei Kinder hatten, und der Mann einer Heirat immer noch skeptisch gegenüberstand. Aus ihrer Sicht hielt er sie hin, aber darunter war der Zweifel an sich selbst, der immer sagte: Ich habe es nicht geschafft, dass er mich heiratet. Für ihn war Heirat ein rotes Tuch, denn er hatte die Scheidung seiner Eltern als schlimmste Zeit seiner Kindheit erlebt. Für ihn war es vollkommen logisch: Ohne Heirat keine Scheidung! Ist diese Aussage ein Denkfehler oder absolut logisch? Im juristischen Sinne stimmt die Aussage, im psychologischen nicht. Was er mit einer Heirat natürlich nicht vermeiden kann, sind Konflikte, Krisen oder auch eine Trennung. Wenn er die Trennung vermeiden will, kann er dies nicht, indem er nicht heiratet, sondern indem er sich den Konflikten stellt und sie beide einen Weg finden, zu einem erfolgreichen Konfliktlösungsteam zu werden (Dyadisches Coping).

Dieser Mann hatte aus seiner Vergangenheit eine logische Konsequenz gezogen, die vielleicht eine Lösung für sein damaliges Leid gewesen wäre, heute aber eher lächerlich und kindlich naiv wirkt. Er hatte sich fest vorgenommen: So was wie seinen Eltern sollte ihm nicht passieren. Ich habe mit ihm über seine Kindheit gesprochen, insbesondere über seine Gefühle der Verzweiflung und Einsamkeit. Es stimmte, sie war wirklich schrecklich gewesen. Er war in einem Ehekrieg über viele Jahre groß geworden. Ich fragte ihn, ob es aus seiner Sicht besser gewesen wäre, wenn seine Eltern nicht geheiratet hätten. Seine Antwort: *Definitiv. Am besten hätten sie sich gar nicht kennengelernt.*

Aber dann wären Sie nicht geboren worden.

Ja, dann wäre das so.

Das ist ja ein schrecklicher Gedanke, lieber selbst nicht geboren worden zu sein, als solch ein Martyrium zu erleben.

Ja, jetzt fangen Sie langsam an, mich zu verstehen.

Er muss die Ehe seiner Eltern als so grausam erlebt haben, dass er heute noch glaubt, es wäre besser gewesen, nicht geboren worden zu sein. Er glaubt, was er denkt, weil seine frühen Erfahrungen so unerträglich waren und er diese Erfahrungen heute noch als Maßstab für sein Handeln nimmt.

Ist nicht die Ehe selbst ein institutionalisiertes Missverständnis menschlicher Zweisamkeit, eine Beziehungsfalle, aus der es kein Entrinnen mehr gibt, sobald man sich in sie hineinbegeben hat? Warum sollen heute noch Menschen ein Leben lang zusammenbleiben, in monogamer Ehe, ausschließlicher Sexualität, finanzieller und steuerlicher Verbundenheit, ewiger Liebe? Ist dieses Konzept einer Ehe nicht vollkommen anachronistisch, ein Konzept aus alten Zeiten, als die Menschen noch mit durchschnittlich 40 bis 50 Jahren starben und daher lebenslange Ehe maximal zwei bis drei Jahrzehnte bedeutete? Ist der Sinn dieses Ehekonzeptes nicht eher aus der Perspektive der Kinder sinnvoll, die eine solche liebevolle Beziehung ihrer Eltern für ihre eigenen Entwicklungen brauchen, möglichst bis sie das Haus verlassen können? Aber dann müsste das Liebesversprechen doch nicht ein Leben lang gelten, weit über die Zeit hinaus, in der die Kinder schon eigene Kinder haben.

Vor der Eheschließung gibt es ein romantisiertes Denken

der Heiratswilligen, die in der Heirat nicht nur einen symbolischen Akt sehen. Und sie glauben an die ewige, einmalige, lebenslange Liebe, wissend, dass diese Ehe statistisch mit weniger als 50% Wahrscheinlichkeit ihre romantischen Vorstellungen erfüllen wird. Romantik bedeutet, dem Alltäglichen einen Glanz zu verleihen, wie Novalis es in *Die blaue Blume* ausdrückt. Wenn man das weiß, kann man sich mit einem Augenzwinkern auf das Heiraten einlassen, gleichzeitig wissend, dass die heutigen Versprechen schon morgen nicht mehr gültig sein werden. Insofern könnte man unter den Verheirateten diejenigen unterscheiden, die an die romantische Liebe glauben und diejenigen, die die Ehe locker nehmen. Und wahrscheinlich werden die Anhänger des lockeren Denkens länger verheiratet bleiben als die Vertreter des strengen Denkens.

Das Problem der Ehe ist der Alltag. Wie kann man der Langeweile und Routine der in die Jahre gekommenen Ehe entfliehen? Ist Eifersucht überhaupt noch ein Thema? Wenn man von Beginn an beispielsweise eine Beziehung als offen für andere – Liebhaber oder Beziehungsformen – definiert und sich darauf einigt, dann könnte doch die kleinliche und besitzergreifende Eifersucht ausgeschlossen bleiben? Die Frage klingt rational, hat aber einen emotionalen Kern. Angesichts der zunehmenden Lebenserwartung erscheint es mehr als vernünftig, die romantische Vorstellung von einer lebenslangen Liebe zu begraben. Heute liegt das durchschnittliche Erstheiratsalter der Frauen in Deutschland bei ca. 30 Jahren und ihre Lebenserwartung nähert sich dem 90. Lebensjahr. Kann man ernsthaft erwarten, 60 Jahre Ehe gemeinsam und monogam und zugleich auch noch glücklich miteinander zu verbringen, einmal vorausgesetzt, dass die Männer auch so lange leben? Kann man mehr als die

Goldene Hochzeit als Standard angeben? Alle vernünftigen und aufgeklärten Menschen können dies nur verneinen. Es geht aber nicht nur um die Dauer einer Beziehung, sondern immer auch um die Zufriedenheit der Partner und die Qualität der Partnerschaft. Beides zusammen führt ins Absurde, denn dann entsteht die mehr als romantische Forderung, nicht nur lange, sondern auch noch glücklich in der monogamen Ehe zu leben. Hier sind kreative Ideen gefragt, aus dem mehrfachen Dilemma herauszukommen. Nach meiner Überzeugung werden wir in Zukunft serielle Monogamien im Verlauf eines Lebens haben, mehrere monogame Partnerschaften mit unterschiedlichen Schwerpunkten (junge Liebe, erste Kinder, mittlere Jahre, Beziehungen im Alter). Und die normale Familie der Zukunft wird die Stieffamilie sein.

In meiner paartherapeutischen Praxis erlebe ich zunehmend, dass auch ältere Paare mit ernsthaften Konflikten zu mir kommen und sich nach Jahrzehnten einer angeblich *glücklichen Ehe* trennen wollen. Meist geht auch dabei die Initiative von der Frau aus, denn die Frauen sind heute zunehmend unzufrieden mit Ehe und Partnerschaft, nicht selten auch in sexueller Hinsicht. Während die sexuelle Appetenz der Männer ab dem 65. Lebensjahr merklich nachlässt, sind Frauen noch an einer lebendigen Sexualität interessiert, sodass nicht selten eine Umkehrung des Begehrens einsetzt: Früher bedrängte er sie, während sie ihn abwies, heute muss sie darauf achten, dass ihre sexuellen Bedürfnisse befriedigt werden.

Die Männer reagieren meist überrascht angesichts der ehelichen Krisen, was die Frauen wiederum in ihrer Sicht bestätigt. Viele Ehemänner haben die Ehe anscheinend mit einem Abonnement verwechselt und gehen davon aus, das Abonnement der Ehe würde automatisch verlängert, wenn sie selbst es nicht kündigen. Dass die Kündigung auch von der Frau ausgehen kann, selbst nach Jahrzehnten einer gemeinsamen Partnerschaft, überrascht einige Männer wirklich, sodass sie gern an eine vorübergehende emotionale Verstimmung ihrer Frauen glauben möchten, die sich hoffentlich bald wieder auflösen werde. So fragen sich beide, wie es ihnen passieren konnte, in eine routinierte eheliche Langeweile zu verfallen und sehen die Ursache eher beim anderen, der sich persönlich und partnerschaftlich nicht weiterentwickelt habe.

DIE IDEALE EHE IST AUCH KEINE LÖSUNG

Gibt es eine ideale Ehe, die gegen nahezu alle Romantisierungen, Alltagssorgen und Trennungsszenarien immun sein kann? Vielleicht eine Ehe jenseits aller materiellen Sorgen, in schönster Natur, mit Musik, Gedichten und einem großen Garten? Und ein Paar, bei dem beide etwas abgeklärter sind, realistischer, weniger romantisch und stürmisch? Goethe behandelt diese Fragen in seinem Buch *Die Wahlverwandtschaften*, das erstmals 1809 veröffentlicht wurde. *Es erzählt die Geschichte von modernen Menschen, diesseitsverhaftet, zwiespältig, gesellschaftsgebunden, die im Gespräch sich gegenseitig infrage stellen, die meist das Beste wollen und dennoch gerade dadurch das Unheil heraufbeschwören, die mehr oder weniger ahnungslos in eine Falle hineinlaufen, welche hinter ihnen zuschlägt* (Nachwort von Erich Trunz in Goethe 2003, 294). Alle Voraussetzungen für ein Vermeiden von Beziehungsfehlern und ein eheliches Gelingen scheinen erfüllt und dennoch: Man liest auf die Katastrophe hin, die Fallen sind bekannt und werden für alle sichtbar geöffnet, aber die

Beteiligten können dennoch das absehbare Drama nicht verhindern. Und schon bei Goethe handelt es sich um eine Stieffamilie.

Eduard und Charlotte sind adelige Eheleute, die auf ihrem großzügigen ländlichen Anwesen leben. Sie liebten einander schon als Jugendliche, wurden aber mit guten Partien verheiratet, wie es ihre Väter gewollt hatten. Nachdem beide wieder frei geworden waren, fanden sie sich wieder. Er drängte auf eine baldige Heirat, sie zögerte. Ihre einzige Tochter Luciane brachte sie in eine Pension, ebenso ihre Nichte Ottilie. Das Paar wollte frei sein füreinander, nur noch miteinander leben und alles nachholen, was sie früher an Nähe nicht hatten leben können. Hier entsteht mit diesem Nachholbedürfnis eine selbstgewählte Isolation, die vielleicht schon die erste Falle ist, die sie selbst aufstellen. Wie lange können zwei Menschen so miteinander leben, nur aufeinander bezogen, sich selber genügend? Wie lange hält eine solche bezogene Liebe, die von keiner materiellen Sorge geplagt wird, wie lange reichen sich die Partner?

Die Szenerie ist schön, fast elegisch, die Gartenanlagen sind Tagesgespräch, ihre Gestaltung scheinbar das einzige Alltagsproblem und je genauer all dies beschrieben wird, desto deutlicher wird eine dahinter auftauchende Leere in der Beziehung. Es entsteht kein Widerspruch, kein Problem, alle Konversationen sind zugewandt und liebevoll, und selbst im Streit liegt noch eine beglückende Erkenntnis, wenn Eduard feststellt: *Ich merke wohl, im Ehestand muss man sich manchmal streiten, denn dadurch erfährt man was voneinander* (15).

Eduard scheint die Gesellschaft eines Mannes, eines echten, gleich gesinnten Freundes zu vermissen, und als dieser in der Gestalt des Hauptmanns, eines Freundes aus früheren

Tagen, eingeladen wird, sind die beiden Männer fast nur noch zusammen unterwegs. Charlotte fühlt sich indessen ganz einsam und erwägt, ihre Nichte Ottilie zu sich zu nehmen, was sie schließlich auch tut. Warum holt sie die Nichte und nicht ihre eigene Tochter? Weil diese aus einer früheren Beziehung stammt und damit einen Stachel im heutigen Glück bedeuten würde? Dann hätten sie aber auch eine elterliche Beziehung, die nicht nur kompliziert, sondern zugleich auch befriedigend sein könnte. Wie sich später herausstellt, gibt es diesen Kinderwunsch bei beiden, anscheinend aber nur in Bezug auf ein eigenes, gemeinsames Kind.

Dann taucht das junge, schöne Mädchen Ottilie auf, die in ihrer stillen Bewunderung für das Väterliche Eduard das Gefühl der Bedeutsamkeit und zugleich des Begehrens als Mann gibt. Ottilie liebt ihren Vater, trägt sein Bild an einer Kette um den Hals, ist innerlich noch sehr an ihn gebunden und so, wie sie diesen liebt, so liebt sie auch Eduard, sie liebt das Väterliche in ihm, aber auf eine anziehende, erotische Weise. So hat sie den Mann und den Vater in einer Person gefunden. Sie nimmt ihm zuliebe die Halskette mit dem Bild des Vaters ab, und er zeigt ihr die Bäume, die er in dem Jahr pflanzte, in dem sie geboren wurde.

So werden die ehelichen Beziehungen durch Kontakte zu Freunden aufgefrischt, es entstehen neue gartenbauliche und landschaftsarchitektonische Projekte, literarische Gespräche und musikalische Arrangements für das abendliche Musizieren. So, wie Charlotte und der Hauptmann durch ein gemeinsames Gestalten der Garten- und Parkanlagen eine Nähe zueinander entdecken, die über das bloße gemeinsame Tun hinausgeht, so erkennen Eduard und Ottilie Gefühle füreinander, die sie in tiefe Verwirrungen stürzen. Diese neuen Paare beginnen gegenseitig ihre Nähe zu suchen, der Hauptmann fährt mit Charlotte im Boot über den See, Eduard streift mit Ottilie durch die Natur und fühlt sich in ihrer Gegenwart wieder so jung, wie sie selbst ist. In den Phantasien der vier Personen entstehen Bilder, Gefühle, Szenen und erfüllte Erwartungen, die in Gedanken mächtiger werden als in der äußerlichen Wirklichkeit.

Der Ehebruch findet folgerichtig auch zunächst in der Phantasie statt; Eduard besucht seine Frau zu später Stunde, um die Nacht mit ihr zu verbringen und denkt dabei nur noch an Ottilie, während Charlotte die Liebkosungen des Ehemannes dadurch versüßt werden, dass sie sich vorstellt, sie kämen direkt vom Hauptmann. Und es kommt, wie es anscheinend kommen muss: Eduard und Ottilie erliegen den Kräften ihrer gegenseitigen Anziehung, sie können nicht mehr ohne einander sein, suchen die Nähe zueinander wie die Motten das Licht. Zwischen ihnen entsteht eine reine, romantische Liebe, die stärker zu sein scheint als jeder menschliche Wille. Charlotte und der Hauptmann sind von Beginn an einen anderen Weg gegangen. Sie haben ihre Zuneigung erkannt und haben sich dann aus Vernunftgründen getrennt. Als der Hauptmann gegangen war – er hat mithilfe des Grafen eine höhere Anstellung erhalten –, hat Charlotte noch den Versuch unternommen, mit ihrem Mann offen zu sprechen und ihn dazu zu bewegen, auch einem Weggang von Ottilie zuzustimmen, aber er war bereits innerlich entflammt, die Liebe zu Ottilie hatte bereits Besitz von ihm ergriffen. Sie möchte, dass er in Ottilies Abreise einwilligt. Er schreibt ihr wenig später einen Brief, in dem er sie bittet, nicht Ottilie weg zu schicken; stattdessen will er gehen. Für einige, unbestimmte Zeit, in den Militärdienst, möglichst in den Krieg. Charlotte ist schwanger und bekommt ein Kind, das so aussieht wie eine Mischung aus Ottilie und dem

Hauptmann. Eduard eilt nach Hause zurück. Bei seinem Wiedersehen mit Ottilie ertrinkt das ihr anvertraute Kind. Eine klassische Fehlleistung, Tötung in unbewusster Absicht? Sie wird von Schuldgefühlen geplagt und sucht nach Sühne. Aber alle Trennungsversuche zwischen Eduard und Ottilie sind vergeblich, weil der jeweils andere zu einem Teil des eigenen Selbst geworden ist, psychologisch zu einem Selbstobjekt, sodass eine Trennung als schmerzlicher Riss durch das eigene Leben, die eigene Person empfunden worden wäre. Sie leben in einer seelischen Symbiose, sind voneinander abhängig, genügen sich gegenseitig, können ohne den jeweils anderen nicht mehr leben. Ottilie beschließt im Stupor – einem inneren Zustand höchster emotionaler Erregung bei gleichzeitiger äußerlicher Ruhe –, in Zukunft nicht mehr zu essen und nicht mehr zu sprechen. Es ist ihre Art, der reinen Liebe Ausdruck zu geben. Zugleich kann sie nur so den Zustand der Trennung vom geliebten Menschen und der Schuld am Tod des Kindes und der Ehe seiner Eltern sühnen. Sie wird zu einem körperlosen und sprachlosen Wesen, das still durch die Räume schwebt, eine über alles erhabene Moral, die reine Liebe. Als der großmäulige Hausfreund Mittler eine Rede anstimmt über das sechste Gebot, wird Ottilie von Schuldgefühlen überwältigt, geht auf ihr Zimmer und stirbt kurz darauf. Sie hatte schon lange nichts mehr gegessen und konnte diesen Schock nicht mehr verarbeiten. Eduard lebte nur noch dumpf vor sich hin, konnte nicht mehr weinen und nicht mehr essen, sein Schmerz und seine Trauer waren überwältigend. Er musste ihr nachgehen und so starb auch er. Charlotte beerdigte ihn neben Ottilie. Das ist das Ende.

DIE EHEN NUR AUF FÜNF JAHRE ABSCHLIESSEN

Hinter den individuellen und paardynamischen Mustern, die in die Geschichte eingewoben sind, erscheint immer wieder ein Konflikt um die bürgerliche Ehe. Die Protagonisten dafür sind der Graf auf der einen Seite als Kritiker der Ehe (*sie verderben die zartesten Verhältnisse*), und auf der anderen Seite Mittler, der mit seinem Plädoyer für die Ehe als höchstem Kulturgut des Menschen missionarisch auftritt. Wie soll eine Ehe etwas Dauerhaftes und Unveränderliches sein, wenn die Welt um sie herum sich permanent ändert? Der Graf kritisiert diesen Konstruktionsfehler der Ehe als *etwas Ungeschicktes* und zitiert einen Freund, der daraus einen überraschenden Vorschlag ableitete. *Einer von meinen Freunden … behauptete: eine jede Ehe solle nur auf fünf Jahre abgeschlossen werden* (Goethe 1980, 74). Ich bin mir sicher, dass diese Überlegung – sollte sie umgesetzt werden – dazu führen würde, dass Ehen länger halten. Ganz im Sinne einer paradoxen Intervention wäre der wahrscheinliche Effekt eines solchen Gesetzes, dass alle Paare versuchen würden, den Nachweis zu erbringen, dass sie mehr schaffen als diese läppischen fünf Jahre. Dann könnte man sich überlegen, nach fünf Jahren eine Vertragsverlängerung zu beantragen.

Und welche Auswirkungen hätte eine zeitlich begrenzte Ehe auf die Liebe und die Eifersucht? Die Liebe wäre möglicherweise realistischer und weniger romantisiert, man wäre mit der Ehe näher an Miet- oder Pachtverträgen, die man ja aus dem Alltag recht gut kennt. Das lebenslange Gefühl der gegenseitigen Verpflichtung wäre auf ein erträgliches Maß reduziert und bei gemeinsamen Kindern könnte man von Beginn an eine Ausnahmeregelung beantragen, vergleichbar mit einer Garantieverlängerung beim Autokauf. Der Druck der Gefühle wäre aus der Ehe raus, oder doch nicht? Vielleicht würde sich die Eifersucht zeitgebunden spätestens ein Jahr vor Ablauf der Frist einstellen, wenn der Partner Ausschau nach einer passenden Partnerin für die Folgezeit halten würde? Und man hätte auf eine ganz besonders galante Weise die Schuldfrage aus dem Beziehungsende herausgenommen. Der Vertrag wäre halt ausgelaufen und danach geht man seiner Wege. Man hätte gleich im Erstvertrag gemeinsam unterzeichnet, dass nach fünf Jahren ein quasi natürliches Ende der Beziehung eintritt und keiner dem anderen einen Vorwurf machen darf. Vor allem besteht kein Anrecht auf Vertragsverlängerung, denn diese müsste man sich durch gutes, sorgendes, liebevolles Verhalten beim Partner erarbeiten oder verdienen. Dies wiederum würde dazu führen, dass die Eheleute liebevoller, zugewandter und herzlicher miteinander umgehen, wenn sie die Ehezeit verlängern wollen, kein routinierter Alltag mehr, keine langweilige Sexualität, keine Sesselkultur, keine alltäglichen Gehässigkeiten, die ertragen werden müssen. Tolstoi wäre sicher für diesen Vorschlag gewesen, während Strindberg selbst die fünf Jahre zu lang gewesen wären. Heute in Zeiten der seriellen Monogamie wäre darin nur vertraglich geregelt, was sowieso dem Zeitgeist entspricht. Und welche Auswirkungen hätte eine Begrenzung der Ehe auf ihr Ende? Gäbe es dann keine hässlichen Auseinandersetzungen mehr darum, wer die Schuld am Ende der Beziehung trägt? Damit hätte man sich neben der Eifersucht eines weiteren hässlichen Gefühls entledigt und damit die Liebesbeziehung erheblich entlastet.

SCHULDGEFÜHLE

Neben der Eifersucht gibt es keine vergleichbaren Gefühlsverwirrungen in ehelichen Beziehungen wie diejenigen, die durch Schuldgefühle hervorgerufen werden. Die Frage der Schuld ist bei Trennungen und Scheidungen ein beherrschendes Gefühl und psychologisch sehr bedeutsam, auch wenn sie juristisch keine Rolle mehr zu spielen scheint. Derjenige, der die Beziehung beenden möchte, leidet unter Schuldgefühlen, und der Verlassene versucht alles, um die Schuldgefühle des anderen weiter virulent zu halten, um damit eine Trennung vielleicht doch noch zu verhindern. Viel hängt davon ab, welches innere Verhältnis eine Person zu Schuldgefühlen hat. Begegnet man den Schuldgefühlen mit Selbstbewusstsein, erkennt sie an, wo sie eine Berechtigung haben, aber weist sie zurück, wo sie unbegründet sind, dann werden sie keine destruktive Wirkung entfalten. Schuldgefühle haben eine lange Vorlaufzeit, weil sie ihre Wurzeln meist in der Kindheit bzw. den verinnerlichten moralischen Normen der Ursprungsfamilien haben, sie wirken sich umso destruktiver aus, je stärker sie sind und sie wirken oftmals noch weit in die Zukunft hinein, auch wenn die Ursachen der Schuld in der Vergangenheit liegen.

Wie bei so vielen anderen Themen – Nahrung, Wasser, Reichtum, Lebensqualität, Liebe usw. – finde ich persönlich die Verteilung der Schuldgefühle ungerecht: Die einen haben zu viel davon und die anderen zu wenig. So leiden viele Menschen unter ihren Schuldgefühlen, obwohl sich der angerichtete Schaden in Grenzen hält und andere haben Menschen schwer verletzt oder gekränkt und dennoch kein Schuldbewusstsein. Und manchmal haben sogar Menschen Schuldgefühle für etwas, was sie gar nicht zu verantworten haben.

Es ist immer wieder erstaunlich, wie lange und destruktiv Schuldgefühle in Menschen und in ihren Beziehungen wirken können. Kinder fühlen sich dafür verantwortlich, die Trennung der Eltern nicht verhindert zu haben und es danach nicht geschafft zu haben, dass sie wieder zusammenkommen. Ein Geschwisterkind stirbt und das überlebende Kind plagt sich ein Leben lang mit der Frage, warum es selbst nicht gestorben ist, und ob dies nicht besser gewesen wäre. Und manchmal denken Menschen über den eigenen Suizid nach, der ihnen als letzter Ausweg erscheint, um sich von ihrer Schuld zu entlasten. Dann wieder machen sich erwachsene Menschen Vorwürfe, dass sie es nicht geschafft haben, den Suizid eines Elternteils zu verhindern.

Schuldgefühle bei Kindern sind wie alles andere auch an ihre Entwicklungen gebunden. Und wenn ein dreijähriges Mädchen in der sogenannten magischen Entwicklungsphase nicht nur an eine phantastische Welt mit Elfen, Tigern und Prinzessinnen glaubt, sondern aufgrund des kindlichen Egozentrismus sich als Mittelpunkt der Welt erlebt, dann ist es kein Wunder, wenn die eigenen Zauberkräfte versagt haben und die Ehe der Eltern nicht gerettet werden kann. So geben sich Kinder die Schuld daran, dass die Eltern psychisch krank oder süchtig sind, obwohl sie noch gar nicht verstehen können, was das ist. 30 Jahre später sitzen sie mir schuldbeladen gegenüber und sind immer noch der festen Überzeugung, in der Sorge für ihre Eltern versagt zu haben. Mein Hinweis, dass sie damals doch Kinder waren und gar nicht für die Ehe der Eltern verantwortlich waren, geschweige denn für ihr Scheitern, löst meist ungläubiges Erstaunen aus.

Und es gibt nicht wenige Kinder, denen die Schuldgefühle von Erwachsenen eingeredet werden, weil die Erwachsenen sich von jeder Schuld freisprechen möchten. Manchmal gibt es alleinerziehende Mütter, die ihren Kindern die Schuld an ihrem Schicksal geben und ihnen ganz offen und nicht nur im Streit sagen: Wenn ich dich nicht hätte, könnte ich ein schönes Leben haben, dann hätte ich genug Geld, könnte arbeiten gehen und mir einen tollen Mann leisten. Aber weil es dich gibt, muss ich dieses Leben ertragen, finde keine Arbeit und keinen guten Mann. Aber was bitte hat das Kind damit zu tun, dass sie nun alleinerziehend ist, ihre Beziehung zum Kindesvater schrecklich war, der nun keinen Unterhalt zahlt und sie einsam ist und keinen Job findet? Trägt das Kind die Schuld daran? Kinder übernehmen gern und viel zu oft die Sorgen der Eltern und wollen, dass es allen in der Familie gut geht. Diese sogenannten Selbstschuldzuschreibungen wirken sich auch langfristig sehr destruktiv aus, führen zu einem chronischen Schuldbewusstsein, geringem Selbstbewusstsein, einem negativen Selbstkonzept und verminderter Konfliktfähigkeit und Zufriedenheit in späteren Partnerschaften. Nicht selten werden solche selbst-destruktiven Muster noch an die eigenen Kinder weitergegeben.

Schuld ist ein Gefühl, das sehr eng mit der jeweils herrschenden Moral verknüpft ist. Dabei kann man Moral auf verschiedenen Ebenen ansiedeln und insofern grundsätzlich humanistische Moralvorstellungen von beispielsweise kulturellen, christlich-ethischen (Die Bergpredigt) oder familiären und ganz privaten unterscheiden. Und je moralischer ein Mensch ist, desto schneller gibt er sich selbst die Schuld. Insofern entstehen Schuldgefühle immer dann, wenn ein Mensch nach seinen eigenen verinnerlichten moralischen Standards oder Normen diese verletzt hat. Dies kann durch Handlungen, aber auch durch Unterlassungen geschehen und manche Menschen meinen schon Schuld auf sich zu laden, indem sie unmoralische Gedanken haben.

Psychologisch interessant sind zwei Varianten von moralischen Menschen: betont moralische, die immer wieder Normen, Prinzipien und ethische Richtlinien reklamieren, und solche, die sich relativ schamlos und schuldresistent verhalten, also jegliche Schuld weit von sich weisen. Die sehr moralischen Menschen würden sich häufig gern unmoralisch verhalten und prangern ihre eigenen Gelüste projektiv bei anderen an, benutzen also ihre moralischen Prinzipien als Abwehr gegen die eigene Unmoralität, und die unmoralischen sind eher ein soziales Problem, weil sie die Werte einer Gemeinschaft infrage stellen oder sie einfach verletzen.

Es gibt kaum einen internationalen Schriftsteller, der die Verbindungen zwischen Schuld und Unschuld, moralisch und unmoralisch, Täter und Opfer, Schuld und Sühne so meisterhaft bearbeitet hat wie Fjodor M. Dostojewski in seinen beiden Werken *Die Brüder Karamasov* und *Schuld und Sühne* bzw. *Verbrechen und Strafe*. Für Sigmund Freud war das Buch *Die Brüder Karamasov* der beste Roman, der je geschrieben wurde und Thomas Mann hat *Schuld und Sühne* als den größten Kriminalroman aller Zeiten bezeichnet.

In *Verbrechen und Strafe* wird ein Mord aus der Perspektive des 23-jährigen Studenten Raskolnikow geschildert, genauer gesagt wird die Frage gestellt: Gibt es einen *erlaubten Mord* eines *außergewöhnlichen* Menschen an einem *wertlosen* Menschen? Er leidet unter Armut, lebt in einer kleinen Wohnung zur Untermiete, die *eher einem Schrank als einer Wohnung* (Dostojewski 2010, 5) gleicht. Er beschließt, eine alte Pfandleiherin zu töten, um mit dem Geld aus dem Raub sein Studium zu finanzieren. Sein Leben und Wohlergehen sei eben mehr wert als das Leben der alten Pfandleiherin. Leider wird aus dem Mord ein Doppelmord, weil die geistig behinderte Schwester des Opfers unerwartet anwesend ist.

Und in den Turbulenzen vergisst Raskolnikow sogar noch, das Geld mitzunehmen, das den eigentlichen Grund für den Mord darstellt. Nach der Tat verfällt er in ein tagelanges Delirium, in dem seine Schuldgefühle ihn fürchterlich plagen. Nur durch die Hilfe einer gläubigen Christin, die als Prostituierte arbeitet, um ihre Familie zu unterstützen, kann er aus dem Delirium herauskommen. Sie rät ihm, sich zu stellen und so sein Gewissen zu entlasten. Damit tauscht er sein inneres Gefängnis gegen das äußere. In der Gerichtsverhandlung gesteht er so freimütig, dass es schon grob wirkt. So *versuchte der Verbrecher selbst sich gar nicht zu verteidigen; auf die endgültigen Fragen – was ihn zum Morde bewogen haben konnte und was ihn den Raub zu vollziehen angetrieben habe – antwortete er sehr klar, mit der größten Offenheit, dass die ganze Ursache seine schlechte Lage, seine Armut und Hilflosigkeit und der Wunsch gewesen war – die ersten Schritte seiner Laufbahn mit Hilfe von wenigstens dreitausend Rubel zu sichern, die er bei der Ermordeten zu finden gehofft habe. Er habe sich zum Morde infolge seines leichtsinnigen und kleinmütigen Charakters entschlossen, der außerdem durch Entbehrungen und Misserfolge gereizt war* (444). Dank dieser schonungslosen Offenheit fällt das Urteil recht milde aus, nur acht Jahre Zwangsarbeit der zweiten Kategorie. Es war eine Selbstanklage und Selbstanzeige, die zu einem Zeitpunkt kam, als er nicht einmal verdächtigt wurde, keine Beweise für sein Verbrechen vorlagen und ein anderer sich selbst als Täter bezichtigt hatte. Über das Schuldbekenntnis erlangte er wieder Freiheit und Lebensfähigkeit, obwohl er zwei Menschen getötet hatte.

Während in diesem Roman die Themen rund um die Schuld komplex und dennoch nachvollziehbar behandelt werden, wird der Leser in *Die Brüder Karamasov* in ein

Labyrinth aus menschlichen Verwicklungen, ideologischen, moralischen, philosophischen Argumenten und einer komplexen Familiendynamik geführt, in dem man sich leicht verlieren kann. Brillant daran ist vor allem, dass eine kausale Interpretation im Sinne von Schuld – Unschuld und Täter – Opfer unmöglich erscheint, dazu sind die Verstrickungen zu vielfältig. Es wird eine komplexe Familientragödie beschrieben, bei der viele den Mord an dem egoistischen und hedonistischen Vater gedacht und gewollt haben, drei Söhne verwickelt sind, der vierte nicht anerkannte Sohn den Mord letztlich begeht, aber dennoch nicht mehr klar ist, wer schuldig und wer unschuldig ist. Nach welchen Kriterien wird Schuld entschieden, nach Gesetzen, moralischen Grundsätzen, christlicher Ethik, philosophischen Prinzipien? Wer kann dies beurteilen, wer maßt sich eine Verurteilung an?

In Frankreich erregte 2015 ein Fall öffentliche Aufmerksamkeit, bei dem Präsident Hollande eine zu zehn Jahren Gefängnis verurteilte Frau begnadigte, die ihren gewalttätigen Mann erschossen hatte. Die Frau war 47 Jahre mit ihrem alkoholabhängigen Mann verheiratet gewesen, der nicht nur sie, sondern auch die drei Töchter schlug und vergewaltigte. Er missbrauchte auch den Sohn, der sich daraufhin das Leben nahm. Einen Tag danach erschoss die Frau den Mann mit drei Schüssen in den Rücken. Hat sie einen Mord begangen, war sie die Täterin, wer hatte Schuld? Hatte die Frau Schuldgefühle, dass sie ihren Mann umgebracht hat oder eher gegenüber den Kindern, dass sie deren Martyrium so lange mitangesehen hatte? Oder hat sie solange geschwiegen, weil sie schon seit den ersten Gewalttaten des Mannes das Gefühl hatte, als Mitwisserin mitschuldig zu sein? Haben die Schuldgefühle vielleicht auch dazu geführt, dass sie noch mehr Schuld auf sich geladen hat, sodass sie aus der Eskalationsspirale von Gewalt und Schuld nicht mehr herauskam? Und wer trägt wie viel Verantwortung an dem Familiendrama? Der Täter hat sich uneingeschränkt schuldig gemacht, aber gibt es so etwas wie eine Mitschuld?

SCHULD, UNSCHULD, MITSCHULD

Kann in einer Liebesbeziehung ein Partner die Schuld des anderen übernehmen? Sicher nicht moralisch, aber vielleicht psychologisch? Der Roman *Der Vorleser* von Bernhard Schlink (ausgezeichnet verfilmt mit Kate Winslet) hat nicht zuletzt auch deshalb Weltruhm erlangt, weil darin auf eindringliche, beinahe lakonische Weise ein Massenmord während des deutschen Faschismus mit der Geschichte einer Liebesbeziehung verknüpft wird. Es geht um die Schuld einer KZ-Wärterin, die von ihrem jugendlichen, unschuldigen Liebhaber übernommen wird – ohne dass er es merkt.

Hanna Schmitz ist Mitte Dreißig, als sie den fünfzehnjährigen Michael Berg kennenlernt, einen Jungen aus der Nachbarschaft. Er verliebt sich in sie, weil sie ihn verführt. Er ist verzaubert von dieser Liebe zu einer reifen Frau, fühlt sich aufgewertet, plötzlich erwachsen, reif und begehrt. Sie denkt dabei an sich und nicht an die Auswirkungen ihres Handelns auf den Jungen, und als diese ihr bewusst werden, ist es für ihn schon zu spät. Sie arbeitet als Straßenbahnschaffnerin, er geht zur Schule. Jede freie Minute versucht er, mit ihr zusammen zu sein. Sie hat es gern, wenn er ihr vorliest und es dauert Jahre, bis er den Grund erfährt: Sie ist Analphabetin.

Er will ihre Vergangenheit kennenlernen und sie berichtet kurz und seltsam emotionslos. Den Grund dafür sollte Michael erst erfahren, als die Beziehung schon beendet war und er in seinem Jurastudium einen Gerichtsprozess verfolgte. Vorher hatte er nur immer wieder mit Verwunderung festgestellt, wie hart Hanna werden kann, wie sie erkalten und erstarren kann und ihre Gefühle verschwinden. Aber immer versuchte er, sie zu verstehen oder den Fehler bei sich zu suchen. Alle Unstimmigkeiten bezieht er auf sich, alle Fehler sucht er bei sich, alle Schuldvorwürfe richtet er an sich. Ja, er denkt sogar daran, sie verraten zu haben, als er beginnt, ihre Beziehung vor seinen Freunden zu verheimlichen. Scham und Schuldgefühle belasten ihn, während sie durch ihn von all diesen Gefühlen seltsam bereinigt wirkt. Fast hat es den Anschein, als könnten seine schrecklichen Gefühle auch den Sinn haben, sie von den ihren reinzuwaschen.

Hanna verschwindet von einem Tag auf den anderen aus ihrer Wohnung, ihrer Arbeit und seinem Leben. Auch das löst seltsamerweise bei ihm Schuldgefühle aus. Als er sie Jahre später wiedersieht, ist sie die Hauptangeklagte in einem KZ-Prozess, den er als Jurastudent protokollieren muss. Und als er erfährt, weshalb sie angeklagt ist, stellt er bei sich die gleiche Gefühlslosigkeit fest. Was war so unerträglich, dass er sich betäuben musste? Hanna hatte sich aus ihrer Stellung bei Siemens in Berlin freiwillig als Aufseherin in Auschwitz gemeldet, aber ihre Arbeit dort betraf nur den geringeren Teil der Anklage. *Der andere Hauptanklagepunkt galt der Bombennacht, mit der alles zu Ende ging. Die Wachmannschaften und Aufseherinnen hatten die Gefangenen, mehrere Hundert Frauen, in die Kirche eines Dorfes gesperrt, das von den meisten Einwohnern verlassen worden war. Es fielen nur ein paar Bomben ... Die eine traf das Pfarrhaus, in dem die Wachmannschaften und Aufseherinnen schliefen. Eine andere schlug in den Kirchturm ein. Zuerst brannte der Turm, dann*

das Dach, dann stürzte das Gebälk lodernd in den Kirchen-
raum hinab, und das Gestühl fing Feuer. Die schweren Türen
hielten stand. Die Angeklagten hätten sie aufschließen können.
Sie taten es nicht, und die in der Kirche eingeschlossenen
Frauen verbrannten (1997, 103). Der Vorsitzende Richter fragt
Hanna, warum sie die Türen nicht aufgeschlossen hat und
sie antwortet: *Wenn wir jetzt aufgemacht hätten und alle*
rausgerannt wären ... wie hätten wir da noch mal Ordnung
reinbringen sollen? Das hätte ein Durcheinander gegeben, mit
dem wir nicht fertig geworden wären. Und wenn sie zu fliehen
versucht hätten ... (122). Also sind sie alle verbrannt, weil
sonst die Ordnung – die besondere deutsche Ordnung – ver-
lorengegangen wäre. Das macht sprachlos. Das ist die unmenschliche »Banalität des Bösen«, wie sie Hannah Arendt
anlässlich des Prozesses von Adolf Eichmann beschrieben
hat. Hanna wird als Hauptangeklagte zu lebenslänglicher
Haft verurteilt.

Und wie wird Michael damit fertig? Er versucht weiterhin,
sie zu entschuldigen. Er war ein fünfzehnjähriges Jungchen,
als er sich in sie verliebte. Worin ist seine Schuld begründet?
Hat er sie übernommen, weil sie es nicht tat, bis heute nicht?
Seine Schuldgefühle treiben ihn mehrmals in Konzentra-
tionslager, er will sich all das vergegenwärtigen, was Hanna
nicht sehen will. Fährt er für sich oder für sie dorthin? Er ist
zerrissen. *Ich wollte Hannas Verbrechen zugleich verstehen*
und verurteilen. Aber es war dafür zu furchtbar. Wenn ich ver-
suchte, es zu verstehen, hatte ich das Gefühl, es nicht mehr so
zu verurteilen, wie es eigentlich verurteilt gehörte. Wenn ich es
so verurteilte, wie es verurteilt gehörte, blieb kein Raum für
Verstehen. Aber zugleich wollte ich Hanna verstehen; sie nicht
zu verstehen, bedeutete, sie wieder zu verraten. Ich bin damit
nicht fertiggeworden (153). Diese Konflikte sind nicht seine,

aber er hat sie zu seinen gemacht. Und er macht es so gründlich, dass er sich noch Jahrzehnte damit plagt. Seine Liebesfähigkeit wurde damit beinahe zerstört. Er heiratet Gertrud, bekommt mit ihr eine Tochter und fünf Jahre später sind sie geschieden. Er hat in Gertrud immer Hanna gesucht und sie nicht gefunden. Er hat aus der Beziehung all die schweren Schuldgefühle mitgenommen, die Hanna nicht spüren wollte und mit denen sie sich erst in ihrer späten Zeit im Gefängnis auseinandersetzt.

Michael kommt von Hanna nicht mehr los. Er beginnt, Kassetten mit großen literarischen Werken für sie zu besprechen, schickt sie ihr ins Gefängnis. Dann soll sie entlassen werden, nachdem ihrem Gnadengesuch nach 16 Jahren Gefängnis stattgegeben wurde. Er gerät in Aufregung, die Gefängnisleiterin hat ihn gebeten, als der einzige, mit dem sie in all den Jahren Kontakt hatte, ihr zu helfen, eine Wohnung, eine Anstellung und ein wenig Wiedereingliederung zu finden. Er übernimmt auch das, aber: *Am nächsten Morgen war Hanna tot. Sie hatte sich bei Tagesanbruch erhängt* (192). Sie hatte in den letzten Jahren ihrer Gefängnishaft begonnen, Bücher über den Faschismus zu lesen. Wahrscheinlich zum ersten Mal hatte sie begonnen, sich mit den Folgen ihrer Taten auseinanderzusetzen. Dabei wurde sie von den bis dahin verdrängten Schuldgefühlen überwältigt. Ihr Selbstmord war Folge dieser inneren Konfrontation mit den Schuldgefühlen gewesen. Sie konnte nicht zurück in die Freiheit, das hatte sie in ihren eigenen Augen nicht mehr verdient. Ihr Selbstmord war vielleicht die Übernahme der Verantwortung und Schuld. Bis dahin hatte Michael, ihr Jungchen, ihre Schuldgefühle übernommen und sie virtuos und intellektuell abgearbeitet. Wie kann man mit den Schuldgefühlen umgehen, wie kommt man von der Schuld zur Entschuldigung?

EINE BITTE UM ENTSCHULDIGUNG

Der Umgang mit Scham und Schuld ist sehr unterschiedlich. Manchmal übernehmen Menschen die Schuld für ein Fehlverhalten, das sie gar nicht hätten begehen können, manchmal ist die Schuld für alle offensichtlich außer für den Betroffenen. Häufig werden beim schuldresistenten Verhalten das Ereignis oder die negativen Folgen für andere Menschen komplett geleugnet, die Schuld wird auf andere Faktoren oder Menschen geschoben, die eigene Verantwortlichkeit bestritten, weil die eigenen Absichten andere gewesen seien, das Ereignis als nicht vorhersehbar gewertet, es werden andere Ursachen für das Problem unterstellt oder das eigene Handeln wird einfach verniedlicht.

Es lassen sich mehrere Komponenten einer umfassenden, echten Entschuldigung unterscheiden (nach Goffman 1967): Es muss eine echte emotionale Betroffenheit erkennbar sein, es muss die eigene vollständige Verantwortung für das Fehlverhalten ohne *Wenn und Aber* übernommen werden, die verletzten Werte und Normen müssen als weiterhin gültig anerkannt werden, der Schuldvorwurf muss als berechtigt gewürdigt werden, es muss glaubhaft versichert werden, dass dies in Zukunft nicht mehr vorkommen wird, und es sollte schließlich eine Bitte an das Opfer bzw. die Geschädigten um Entschuldigung erfolgen. Eine solche Entschuldigung kann nur durch das Opfer gewährt werden, entschuldigen kann man sich nicht selber. Man kann die Verantwortung für das eigene Fehlverhalten übernehmen, es bedauern, Besserung versprechen und das Opfer um Entschuldigung bitten, aber man kann die Entschuldigung nicht einfordern!

Schuldgefühle sind immer von der Beziehung zum jeweiligen Opfer abhängig, sowohl im Hinblick auf das schuldhafte Verhalten als auch in allen Fragen der Entschuldigung. Wenn das Opfer ein Mensch ist, dem man schon immer mal eine Lektion erteilen wollte, verhält es sich anders, als wenn eine geliebte Person leidet und man selbst mitleidet und mitfühlt. Manchmal entsteht ein schuldhaftes Verhalten aus einer Beziehungsfalle: Wenn ein Partner sich trennt, weil aus seiner Sicht die Partnerschaft negativ ist oder einfach nur die eigene Entwicklung blockiert, dann hat eine solche partnerschaftliche Trennung immer auch Auswirkungen auf alle familiären Beziehungen, insbesondere dann, wenn Kinder beteiligt sind, die dann zu Opfern werden.

Ein Sonderfall ist die sogenannte »existentielle Schuld«. Dabei entsteht eine Schuld durch die entstandenen Vorteile aus dem eigenen Verhalten. Wenn beispielsweise Überlebende des Holocaust, eines Unglücks oder einer Katastrophe sich mit der Frage auseinandersetzen müssen, warum gerade sie es sind, die überlebt haben oder einfach Glück hatten. Viele Menschen fühlen sich dann schuldig, weil sie es nicht aushalten können, dass sie überlebt haben, während andere in der gleichen Situation zu Schaden oder gar zu Tode gekommen sind.

DENKEN KANN HELFEN

Eifersucht und Schuldgefühle können zu erheblichen emotionalen Verwirrungen sowohl bei den einzelnen Betroffenen als auch in persönlichen Beziehungen führen. Wie kommt man aus den verwirrenden Gefühlen wieder heraus, so dass man wieder handlungsfähig wird? Die Theorien zur Emotionsregulation (Egloff 2009, 714-722) bieten verschiedene Möglichkeiten: Vermeidung, indem gar nicht weiter über das Problem nachgedacht wird; Ablenkung, indem über angenehme und entspannende Dinge nachgedacht wird; Engagement durch Umbewerten und Nachdenken über eine Problemlösung. Vermeidung und Ablenkung sind sicherlich einfach klingende Lösungsstrategien, allerdings sind sie in ihrer Effektivität abhängig von der Stärke der Gefühle und den individuellen Verdrängungsfähigkeiten. Zudem kosten diese Abwehrvorgänge dauernd Verdrängungsenergie, die dann der Lebensqualität nicht mehr zur Verfügung steht. Bleibt die Frage, inwieweit ein Umdeuten (reframing) eine dauerhafte Lösung bietet. Meine Erfahrung ist, dass diese Strategie für eine gewisse Zeit wirksam sein kann, sie aber innerlich akzeptiert und integriert werden muss. Die neue Sicht muss sich an die Stelle der alten setzen, sodass nicht nur ein Umdeuten, sondern auch ein neues Denken einsetzen kann. Ich will dies kurz an einem Beispiel demonstrieren.

Jeder kennt die Situation, auf einem großen Parkplatz auf der Suche nach einem freien Platz herumzukurven. Wenn man diesen entdeckt hat und kurz davor ist, in die Parklücke einzubiegen, drängelt sich ein junger Mensch schnell mit seinem Wagen dazwischen, grinst dabei hämisch und steigt aus. Die erste emotionale Reaktion ist aufsteigende Wut. Ärger und Wut entstehen dann, wenn man das Gefühl der absichtlichen Schädigung hat. Dieser freche Bursche hat zwar gesehen, dass man selbst früher am freien Platz war, hat sich aber dazwischen gedrängelt. Die eigene Wut verlangt nach sofortiger Emotionsregulation. Vermeidung, Ablenkung oder Umbewertung erscheinen nutzlos und geradezu selbstschädigend. Entschieden gesünder erscheint es, dem Ärger Luft zu machen, auszusteigen und seine Wut an dem Fahrer, seinem Auto oder beiden auszuagieren. Denken wir uns dieselbe Situation nicht mit einem grinsenden, jugendlichen Fahrer, sondern mit einer alten gebrechlichen Frau, die kaum über das Lenkrad sehen kann. Schon verblasst unsere Wut und wir empfinden Mitleid mit der alten Dame, die uns nicht absichtlich geschädigt hat. Dann verbuchen wir die Angelegenheit schnell unter »Pech gehabt« und suchen einen anderen Parkplatz. Dieselbe Szene mit entgegengesetzten kognitiven Interpretationen und daraus folgenden Handlungsmustern. Wie ist dies zustande gekommen? Wir haben unsere aggressiven Emotionen noch einmal durch unseren präfrontalen Kortex geschickt, um dort in den besonders entwickelten Teilen unseres Gehirns einen Abgleich mit unseren Erfahrungen zu machen und zwei Fragen zu klären: Wie schätzen wir die Situation ein, war es wirklich eine absichtliche Schädigung oder nicht; und welche Folgen haben wir zu erwarten, wenn wir unseren Emotionen entsprechend reagieren? Im ersten Fall war es vielleicht eine absichtliche Schädigung, aber die Folgen sind wahrscheinlich zu schwerwiegend, wenn wir unseren Aggressionen freien Lauf lassen, so berechtigt sie auch sein mögen. Im zweiten Fall war es keine absichtliche, sondern eher eine altersbedingte Schädigung, die wir aus humanitären Gründen wohlwollend verzeihen. Dieses Beispiel zeigt eindeutig: Denken hilft. Damit kommen wir zum Denken, zu Denkfehlern und Irrtümern.

2.

VERWIRRUNGEN DES VERSTANDES –
IRRTUM UND DENKFEHLER

Deine Wahrnehmung ist gestört, du hast vollkommen über-
reagiert ...

Wenn meine Wahrnehmung nicht so gut wäre, dann hätten
wir erst viel später gemerkt, was passiert ist ...

Aber dann wäre die Situation nicht so eskaliert ...

Das Paar klagt sich gegenseitig an und hat eine vollkommen unterschiedliche Wahrnehmung der Ereignisse, obwohl
sie beide das gleiche erlebt haben. Sie saßen in der Sofaecke
und sahen die Tagesschau, als die Frau aus der oberen Etage
ein verstörendes Geräusch hörte. Sie sprang auf, rannte
sofort nach oben, weil sie neben anderen Geräuschen die
Stimme ihres zweieinhalbjährigen Sohnes herausgehört hatte.
Ihr Mann hatte nichts gehört, lief aber hinter ihr her, weil er
ihre Aufregung spürte. Beide kamen gleichzeitig vor der
Kinderzimmertür an und von dem Moment an gehen die
Situationsbeschreibungen auseinander.

Der Sohn war anscheinend nach der Gutenachtgeschichte
nur kurz eingeschlafen, wieder wach geworden und hatte die
Tür seines Kinderzimmers von innen abgeschlossen, indem
er den Schlüssel umdrehte. In seiner Wahrnehmung war es
vielleicht nur ein Spiel, er hatte die Eltern oder die Welt ausgeschlossen, faktisch aber hatte er sich eingeschlossen. Die
Frau wurde sehr aufgeregt und redete auf den Jungen ein, so-

fort die Tür wieder aufzuschließen. Der Mann empfand seine Frau als panisch, versuchte sie und den Jungen zu beruhigen, was sofort zu einem Streit der Eltern führte, was wiederum den Jungen beunruhigte und dazu führte, dass er zu weinen begann. Dieses Weinen verstärkte wiederum den Streit der Eltern, die Frau schrie den Mann an, er solle sofort einen Schlüsseldienst bestellen, während er ihr deutlich sagte, sie solle sich erst mal beruhigen oder am besten zurück ins Wohnzimmer gehen, er würde das schon machen mit dem Kleinen. Die Situation eskalierte, die Frau begann auch zu weinen, der Sohn schrie mittlerweile und der Mann wurde immer hilfloser. Dann hockten sich die Eltern verzweifelt vor die Tür zum Kinderzimmer, der Sohn zog ständig an der Klinke und der Mann bekam schließlich spielerisch Kontakt zum Kind durch das Schlüsselloch. Er beruhigte das Kind, sagte ihm, wie herum er den Schlüssel drehen müsste und schließlich hatte er es geschafft und die Tür ging auf. Die Mutter nahm den Kleinen auf den Arm und beruhigte ihn, in der Nacht schlief sie im Kinderzimmer. Die Eltern redeten tagelang nicht miteinander. Alles hatte mit einer Wahrnehmungsstörung begonnen, die doch keine war.

In einer ruhigen Nachbesprechung der Situation beschrieb die Frau ihre Phantasien während dieser »Rettungsaktion«. Ihr waren alle möglichen Gedanken gleichzeitig durch den Kopf gegangen. Sie hatte daran gedacht, dass man vielleicht von außen in das Fenster steigen müsse oder die Feuerwehr holen könne. Die Tür einzutreten erschien ihr zu gefährlich, weil der Junge dahinter stand. Ich fragte sie, wie sie sich ihre eigene Aufregung erkläre und ob sie solch eine Situation schon einmal erlebt hätte. Sie erinnerte sich nach einer Weile, dass sie sich als Kind auch einmal eingeschlossen hatte, eher als Spiel, und dass ihre Mutter damals allein war und vollkommen panisch reagiert habe. Sie selbst sei dagegen als Mutter doch eher ruhig geblieben, was ihr Mann mit einem Grinsen kommentierte. Diese Panik der Mutter habe sie damals mehr als erschreckt und ihre Situation als Kind hinter der geschlossenen Tür als dramatisch erleben lassen. Jetzt in der Situation sei sie innerlich vollkommen hin- und hergerissen gewesen, habe an das Kind im verschlossenen Zimmer gedacht und sich zugleich als Mutter erlebt, die das Kind schnell befreien müsse. Irgendwie hätten sich die frühen Erlebnisse wie ein schlechter Film vor die Situation geschoben und sie hätte nicht mehr richtig wahrnehmen können, was eigentlich los sei. Indem wir ausführlich über diese Szene gesprochen haben, weil sie zu einem erheblichen Streit in der elterlichen Paarbeziehung führte, konnte sie für sich erkennen, dass ihre Wahrnehmung sehr viel mit ihren früheren Erfahrungen zu tun hat.

Dies ist allerdings immer so, denn alle Menschen nehmen nicht eine äußere Realität objektiv wahr, sondern interpretieren Reize und Reizmuster, indem sie die eingehenden Informationen mit den vorhandenen vergleichen und daraufhin zu einer Einschätzung kommen. Uns ist dieser komplexe Abgleich aber nicht bewusst, wir nehmen automatisch wahr und merken erst dann etwas, wenn es zu Störungen gekommen ist. Unsere Wahrnehmung ist viel zu komplex und zu schnell, als dass wir ihrer bewusst sein könnten. Eine bewusste und reflektierte Informationsverarbeitung würde dagegen ewig dauern und nur zu Chaos führen.

WAHRNEHMUNGEN SIND SUBJEKTIV

Anscheinend können wir Ereignisse in unserer Umgebung auch dann wahrnehmen, wenn wir sie gar nicht beachten und sie nicht unsere Aufmerksamkeit haben. Es sind Ereignisse im Hintergrund, die plötzlich in den Vordergrund treten können. Dazu müssen sie aber eine besondere Bedeutung haben. So hören wir unseren eigenen Namen aus lauten Gesprächen heraus, den Klang einer vertrauten Stimme oder das Schreien des eigenen Kindes viel stärker als alle anderen Geräusche in der Umgebung. Solche besonderen sensorischen Signale erhalten eine automatische Priorität bei unserer Informationsverarbeitung. Sie passieren unsere Filter, die uns eigentlich vor einer Reizüberflutung schützen sollen, weil es besonders wichtige Informationen sind. Was sie allerdings jeweils so bedeutsam macht, erschließt sich oftmals nur individuell. Manchmal kann man es als Außenstehender erraten, weil es eine allgemein menschliche Situation ist, manchmal ergibt sich ein Erklärungszusammenhang nur situativ, kulturell oder kontextuell und manchmal sind die individuellen Reaktionen so besonders, dass die Betroffenen sie selbst nicht verstehen (wie beim Posttraumatischen Belastungssyndrom). Vielleicht bekommen zu bestimmten Zeiten auch einzelne Menschen eine besondere Priorität in unserer Wahrnehmung, wie dies bei Verliebten, Vorgesetzten oder Müttern mit kleinen Kindern der Fall ist.

Die möglichen Fehlerquellen unserer Wahrnehmung sind immens. Allein schon die Menge und Vielfalt der Möglichkeiten der menschlichen Sinneswahrnehmungen sollte uns zu denken geben und an der Objektivität unserer Wahrnehmung zweifeln lassen. Menschen können 500 000 Farbnuancen unterscheiden, obwohl wir nur Namen für 150 Farben haben. Wir können 400 000 Töne unterscheiden und 10 000 Gerüche. Die meisten dieser Gerüche können unmittelbar Gefühle auslösen, von erotischer Anziehung bis Ekel. Auch die Sensibilität unserer Sinne erscheint phänomenal. *Eine Kerzenflamme kann in 50 km Entfernung in einer klaren mondlosen Nacht wahrgenommen werden. Das Ticken einer Armbanduhr kann unter sonst ruhigen Bedingungen aus 7 m Entfernung gehört werden. Ein Teelöffel Zucker in 7 Liter Wasser aufgelöst wird noch als süß geschmeckt. Ein Tropfen Parfum, der in einem 6-Zimmer-Appartment diffus verteilt wird, kann noch gerochen werden. Wenn aus 1 cm Entfernung der Flügel einer Fliege auf die Wange fällt, wird dies noch gespürt* (Sokolowski 2013, 71). Wie können wir all diese Töne oder Gerüche unterscheiden und wie viel schwerer ist es, sie richtig zu interpretieren? Wie unterscheiden wir eine Kerze von einer Taschenlampe aus großer Entfernung, wie das Ticken einer Armbanduhr von einem Zeitzünder? Unsere Sinne sind höchst sensibel, sie melden sich, verwandeln dabei Reize in neuronale Botschaften. Aber was das Gehirn daraus macht, ob man sich der Reizquelle zuwendet oder flieht, ob man besorgt oder ängstlich reagiert, entscheidet unser Gehirn. Das ist der Unterschied zwischen Empfindung und Wahrnehmung.

Empfindung meint lediglich die mit unseren Sinnen empfangenen Reize aus der Umwelt. Diese Reizempfindungen werden anschließend interpretiert und diesen Interpretationsvorgang nennen wir Wahrnehmung. Das heutige Wissen in der Wahrnehmungspsychologie ist detailliert und umfangreich, allerdings wissen wir noch nicht genau, wie aus der Fülle von Einzelinformationen ein Gesamtbild entsteht. *Trotz unseres umfangreichen Wissens über Merkmalsdetektoren wissen wir noch nicht genau, wie es das Gehirn schafft, die* vielen Merkmale, die es entdeckt, in ein einzelnes Wahrnehmungserlebnis von beispielsweise einem Gesicht zu kombinieren (oder diese darin »einzubinden«). Psychologen bezeichnen dieses Rätsel als das Bindungsproblem; und es bleibt vielleicht das tiefste Geheimnis der Wahrnehmungspsychologie (Zimbardo 2016, 152). Daher ist die Wahrnehmung nicht objektiv, sondern zutiefst subjektiv. Anstatt zu sagen »Deine Wahrnehmung ist falsch!« könnte man besser sagen: »Deine Interpretation deiner Sinneseindrücke ist für mich nicht nachvollziehbar, denn ich komme bei vielleicht ähnlichen Empfindungen zu einer ganz anderen Wahrnehmung der Situation.« Wahrnehmungsunterschiede sind also Unterschiede in der Interpretation der Wirklichkeit aufgrund unterschiedlicher persönlicher Erfahrungen.

Wahrnehmung und Aufmerksamkeit sind ein komplexer Prozess der Informationsverarbeitung, bei dem auf jeder Ebene und in jeder Phase vielfältige Fehlermöglichkeiten bestehen. Ja, es ist geradezu ein Wunder, dass es nicht zu viel mehr Fehlern kommt. Durch Sehen, Hören, Schmecken und Fühlen empfinden wir die Welt. Hier handelt es sich um das erste Glied in einer Kette von Ereignissen, zu denen anschließend die Kodierung der Reize gehört, die Speicherung der Informationen, die Transformation des Materials, das Denken und schließlich die Reaktion auf Wissen, die wiederum zu neuen Hinweisreizen und Gedanken führt, die ihrerseits den Kreislauf erneut in Gang setzen (Solso 2005, 69). Aber auch ohne eine komplexe erfahrungsgebundene Interpretation bietet allein die sinnliche Wahrnehmung vielfältige Fehlerquellen. So täuschen wir uns bei verwirrenden sensorischen Informationen bei der Einschätzung der Länge einer Strecke (die Müller-Lyer'sche Täuschung) oder in der Einschätzung von Nähe und Distanz. Und wie entscheiden wir, dass unser

Bild eines Objektes aus verschiedenen Perspektiven jeweils das gleiche Objekt betreffen? Es ist eine Fähigkeit, die wir uns erwerben müssen, sie wird Wahrnehmungskonstanz genannt. Damit können wir unabhängig vom Blickwinkel oder der Entfernung ein Objekt als dasselbe wiedererkennen.

Auch Reizempfindungen sind keine objektive Angelegenheit, sondern weitgehend subjektiv. Natürlich empfinden wir starke Reize eher als schwache, aber starke Reize zeichnen sich nicht nur durch Lautstärke, Geruchsintensität oder Helligkeit aus. Die Stärke eines Reizes ist dann subjektiv, wenn es sich um für uns bedeutsame handelt, wie die Worte eines geliebten Menschen, die Stimme der Mutter oder den Hilferuf des Kindes.

Um all diese Entscheidungen in kurzer Zeit treffen zu können, wichtige von unwichtigen Informationen trennen zu können, ist unser sensorisches System so organisiert, dass es versucht, Zeit zu gewinnen. Die sensorischen Informationen werden eine kurze Zeit gespeichert und damit verfügbar gehalten, um mehr Zeit für unsere Entscheidungen zu haben. Wenn wir eine eindringliche Musik hören, dann hören wir die Melodie immer noch, auch wenn die Musik schon verstummt ist, in unserem sogenannten Echospeicher. Sie schwingt in unseren Sinnen nach, bleibt für kurze Zeit noch verfügbar, scheint aber auch zu einem späteren Zeitpunkt noch abrufbar. Im Speicher für visuelle Sinneserfahrungen, dem ikonischen Speicher, kann man mindestens neun verschiedene Objekte für die Dauer von 250 Millisekunden speichern. Im Echospeicher werden die akustischen Signale für etwa vier Sekunden gespeichert. Wir können nicht alle Sinnesinformationen speichern, sondern müssen uns aufgrund begrenzter Kapazitäten auf die wichtigen beschränken. *Der ikonische Speicher und der Echospeicher gestatten* uns vielleicht, die relevanten Informationen für die weitere Verarbeitung auszusuchen. Damit bieten sie eine Art von Lösung für das Problem der Kapazitätsbegrenzungen, die dem informationsverarbeitenden System eigen sind (Solso 2005, 95). Was allerdings wiederum relevante Informationen sind, wird durch eine Vielzahl von persönlichen und situativen Faktoren bestimmt, die kognitiv ausgewertet und abgewogen werden müssen. Wären wir nur auf die jeweiligen aktuellen Sinnesreize angewiesen, dann würde das Leben täglich neu beginnen müssen, dann gäbe es keine Lernprozesse und keinen Abgleich der aktuellen Eindrücke mit den bisherigen Erfahrungen. Unser Wahrnehmungssystem lernt, was uns erheblich das Leben erleichtert und zugleich können diese gelernten Erfahrungen zum Problem werden. Neuere Studien haben ergeben, dass unser komplexer Wahrnehmungsapparat sich über eine lange Zeit entwickelt und ausdifferenziert. Siebenjährige Kinder zeigen bei der Wahrnehmung von Gesichtern beispielsweise andere Hirnaktivitäten als Erwachsene. So berichten Forscher der Ruhr-Universität Bochum: »*Wenn Kinder verschiedene Fotos derselben Person sehen, scheinen sie entweder zu sagen: Das ist die gleiche Person. Oder: Das sind verschiedene Personen ... dazwischen gibt es nichts.*« *Die Ergebnisse verdeutlichen somit, dass Siebenjährige zwar Gesichter erkennen können, aber dass diese Fähigkeit noch nicht voll ausgebildet ist* (Informationsdienst Wissenschaft, idw, Pressemitteilung der Ruhr-Universität Bochum, 18.4.2016).

Wie viele Informationen kann man innerhalb eines begrenzten Zeitraumes aufnehmen? Kognitionspsychologen nennen dies die Wahrnehmungsspanne. Wir nehmen immer nur einen mehr oder weniger begrenzten Teil der Welt um uns herum wahr, weil unsere Aufnahmekapazität beschränkt ist. *Wenn alles richtig funktioniert, wird nicht mehr und nicht weniger Information kodiert, transformiert oder gespeichert, als es für einen Menschen normalerweise im Alltag notwendig ist* (Solso 2005, 78). Und wie viel ist notwendig für den Alltagsgebrauch? Je schlichter, reizärmer und routinierter der Alltag, desto weniger Informationen werden gebraucht. Dadurch entsteht ein negativer Kreislauf: Wenige Informationen führen zu noch weniger Informationen, schlichtes Denken wird dadurch noch schlichter.

Jeder Mensch glaubt, seine Wahrnehmung der Welt sei eine objektive Abbildung der Realität, bis er feststellt, dass andere Menschen dieselbe Welt ganz anders sehen. Bei Kindern ist dies um das vierte Lebensjahr herum der Fall und dies ist zugleich die Geburtsstunde einer wesentlichen menschlichen Eigenschaft: die Fähigkeit zu mentalisieren, d. h. sich Gedanken über die Gedanken und Gefühle anderer Menschen zu machen. Insofern entsteht das Mentalisieren aus einer Not heraus: Wenn andere Menschen anders denken und fühlen als das Kind, dann versucht es, diesen Unterschied zu verstehen und sich zu erklären. Ausgangspunkt sind also Irritationen und Zweifel. Wer hat sich getäuscht? Ist es eine Täuschung des anderen, eine Selbsttäuschung oder spielt uns allen die Realität nur etwas vor, was wir nicht erkennen und verstehen können? In der Regel beharren wir zunächst auf der Objektivität unserer eigenen Wahrnehmung, bis wir eines Besseren belehrt werden. Anscheinend ist diese Lernerfahrung aber nicht von Dauer und bei jeder neuen strittigen Wahrnehmung bestehen wir darauf, etwas richtig gesehen, gehört, gerochen und gefühlt zu haben. Wenn es sich nicht nur um kurzfristige Sinneswahrnehmungen handelt, haben wir meistens auch noch Zeit, alles zu überprüfen, also noch einmal genauer hinzusehen oder hinzuhören und damit unsere eigene Wahrnehmung zu bestätigen und die eines anderen als falsch nachzuweisen. Jede Sinneswahrnehmung hat etwas scheinbar Objektives, weil es zunächst ein natürlicher sinnlicher Prozess ist, der sich unserem Willen entzieht. Der Sinneseindruck ist entstanden, ohne dass man daran etwas manipuliert, ändert oder beschönigt.

Unsere Wahrnehmung unterscheidet zunächst nicht zwischen natürlich-objektiver Wirklichkeit und sozial-subjektiver. Extrem formuliert: Wir sehen eine grüne Pflanze und halten unsere Wahrnehmung für ein Abbild der objektiven Wirklichkeit. Mit der gleichen Überzeugung nehmen wir soziale Prozesse, Stimmungen, Denken oder Fühlen bei anderen Menschen wahr und halten diese ebenfalls für eine Wahrnehmung objektiver Wirklichkeiten. Obwohl wir uns auch von der sogenannten objektiven Wirklichkeit täuschen lassen (die Sonne geht auf), meinen wir, alles zu wissen und verlängern diese eigene subjektive Objektivität in den sozialen Raum hinein. Und manchmal meinen wir sogar, »andere zu wissen«, sie besser wahrnehmen zu können als sie sich selbst. Wahrnehmung hat eine Tendenz zur Selbstbestätigung, man sieht, was man gewohnt ist zu sehen. Wir sehen die Welt aus der Perspektive unserer Sinne als konstant und unveränderlich. Das Phänomen der Wahrnehmungskonstanz kennt viele Variationen: Größen-, Form- oder Helligkeitskonstanz. Ob nah oder fern, dunkel oder hell, wir erkennen die Farbe und die Form eines Objekts stets wieder. Diese Wahrnehmungskonstanz verleitet uns zu der Annahme der Objektivität.

Manchmal entschwindet man allerdings dieser äußeren Realität und ergeht sich in Tagträumen oder Erinnerungen, die nichts mit der Gegenwart zu tun haben. Diese Wahrnehmungen werden als subjektiv erlebt, der Blick ist eher nach innen gerichtet, man träumt etwas vor sich hin, entschwindet kurz der Gegenwart. Dies kann sowohl angenehm sein, wenn wir in Tagträumen der Phantasie freien Raum lassen und uns schöne Momente und Gedanken gestatten, die wir keinem anderen Menschen mitteilen würden. Aber es kann auch schrecklich sein, wie bei Angst- und Panikzuständen oder bei einem Posttraumatischen Belastungssyndrom, bei dem sich fürchterliche Gedanken und Gefühle wie ein Schatten über eine aktuelle Situation legen und man die Wirklichkeit nur noch durch diesen Schleier sehen kann. Aber auch diese subjektiven Wahrnehmungen werden geradezu als Beweis für die Objektivität der nach außen gerichteten Wahrnehmung gesehen, denn damit entsteht ein bedeutsamer Unterschied: Was man von der äußeren Realität über die Sinne wahrnimmt, erscheint objektiv, was man innerlich phantasiert oder träumt als subjektiv.

Was passiert, wenn die empfundenen Reize aus der Umwelt nicht zur Interpretationsvorlage in unserem Gehirn passen? Korrigieren die Umweltreize falsche Interpretationen, oder sind die Interpretationen stärker? Zunächst einmal gehen wir davon aus, dass unsere Erfahrungen und damit auch die daran gebundenen Interpretationen richtig sind und bleiben, bis wir vom Gegenteil überzeugt werden. Dies kann man als einen Lernprozess bezeichnen, bei dem die Integration von vorhandenem Wissen und neuen sensorischen Erfahrungen im Vordergrund steht. Wie kann man die Beziehung zwischen Sinnen und Gehirn verstehen, was geht von den Sinnen ans Gehirn und umgekehrt?

ALLES ERFAHRUNGSSACHE

Ein plötzlicher Schrei, eine scharfe Bewegung, eine grelle Farbe, ein unerträglicher Geruch – alle diese Sinnesreizungen werden in rasender Geschwindigkeit erfasst, neuronal weitergeleitet und im Gehirn ausgewertet. Die Reize von außen werden über die Sinne aufgenommen und an die höheren Nervenzentren weitergeleitet. Diese Sinnesempfindungen gehen den Weg von außen nach innen oder von unten nach oben, man nennt sie bottom-up-Prozesse. Sie durchlaufen verschiedene Stufen der Verarbeitung.

Als Erstes holt sich das Gehirn weitere Informationen aus der aktuellen Umgebung, wenn es bestimmte Sinnesreize nicht sofort einordnen kann. Diese Informationen beziehen sich auf den Kontext. So erscheint massenhaftes Weinen verständlich, wenn sich die Person auf einer Beerdigung befindet und Schreien und Grölen ist ebenso normal auf dem Fußballplatz. Im Abgleich mit dem Kontext erscheint ein Sinnesreiz verständlich, sinnvoll und richtig und bietet keinen Anlass für Verwirrungen oder spontane Reaktionen. Auch massenhaftes Weinen auf dem Fußballplatz kann nachvollziehbar werden, wenn durch das Spiel der endgültige Abstieg der Mannschaft besiegelt oder die Meisterschaft unverhofft gewonnen wird. Das Schreien und Grölen bei einer Beerdigung erscheint dagegen in unserem Kulturkreis kaum erklärbar und ist Anlass für Verwirrung, sodass weitere Informationen über den Kontext notwendig werden. Je weniger das Gehirn mit den eingegangenen sensorischen Informationen anfangen kann, desto mehr übernimmt es die Kontrolle, holt sich weitere Informationen und benutzt dabei alle Informationen, die ihm bislang zur Verfügung stehen. So entstehen Top-down-Prozesse. *Bei der Top-down-Verarbei-*

tung lenken unsere Ziele, unsere Vorerfahrungen, unser Wissen, unsere Erwartungen, unsere Erinnerung, unsere Motivation oder unser kultureller Hintergrund unsere Wahrnehmung der Objekte – oder Ereignisse (Zimbardo 2016, 152). Top-down-Prozesse dienen damit der Kontrolle und der Fehlerkorrektur.

Bei beiden Varianten der Wahrnehmung – top-down und bottom-up – gibt es auf dem Weg der Verarbeitung von Informationen unterschiedliche Möglichkeiten für Fehler und Täuschungen. Bottom-up-Täuschungen sind klassische Sinnestäuschungen, die sich auf Farben, Nähe und Distanz, Größenordnungen, Längen und Maße, Dreidimensionalität usw. beziehen. Diese Täuschungen werfen die Frage auf, ob es genetische oder kulturelle Prägungen sind. Man hat dies am Beispiel der südafrikanischen Zulus untersucht, die eine Kreiskultur haben. In ihrer Kultur gibt es kaum gerade Linien, sie haben runde Hütten mit runden Fenstern, ihre Felder haben Kurven und ihre Kinder haben kein kantiges Spielzeug. Den Zulus wurden Beispiele optischer Täuschungen unseres Kulturkreises vorgelegt und die meisten unterlagen diesen Täuschungen nicht. Man braucht anscheinend eine lineare und kantige Kultur, um Linien und Kanten falsch einschätzen zu können. Die Kultur entscheidet mit über unsere Wahrnehmung.

TÄUSCHUNG AUS ERFAHRUNG

Unser Gehirn täuscht uns nicht absichtlich, sondern aus Erfahrung. Dinge, die zusammengehören, werden als Einheit oder Muster wahrgenommen, auch wenn wir nur Teile davon erkennen. Wir machen aus einzelnen Teilen ein Ganzes: aus einzelnen Noten eine Melodie, aus 400 Aromastoffen einen Parfumgeruch, aus einzelnen Lichtstrahlen Bilder, aus Tausenden Fischen einen Schwarm, aus dem Flug von Vögeln eine Formation, aus einem Gesicht einen Ausdruck, eine Absicht, eine Erwartung. Wir erkennen Menschen in einem anderen Kontext nicht wieder: Der Kollege im Büro ist uns vertraut, im Supermarkt löst die Begegnung mit ihm manchmal Verwunderung aus, oder man kennt einen Menschen aus früheren Zeiten und weiß nicht woher, wenn man ihm 20 Jahre später im Theater begegnet. Solche Täuschungen sind alltäglich.

Die Gestaltpsychologie hat sich mit vielfältigen Wahrnehmungstäuschungen beschäftigt. Figur und Grund, Geschlossenheit oder Bildung von Gruppen sind nur drei ihrer Entdeckungen. Beim Figur-Grund-Prinzip versucht man, das Vordergründige vom Hintergründigen zu trennen, die Vase auf dem Tisch, den Apfel in der Obstschale oder den einzelnen Menschen in der Menge zu erkennen. Solche differenzierten Wahrnehmungen der Figur vor dem Grund sind wichtig, wann immer wir etwas oder jemanden suchen. Manchmal versuchen wir auch einfach nur, eine Melodie aus einer Musik herauszuhören, ein Gesicht in einer Gruppe zu erkennen oder ein Gewürz aus dem Essen herauszuschmecken. Das Prinzip der Geschlossenheit füllt leere Stellen aus, um das Ganze zu erkennen. Fehlende Buchstaben in einem Wort werden ebenso ergänzt wie Worte, die man im Gespräch nicht hört, weil die Nebengeräusche auf der Party so groß sind. Wir vervollständigen mit unserer Wahrnehmung Lücken oder fehlende Teile, um das Ganze wahrzunehmen, ebenso wie wir von einzelnen Teilen auf das Ganze schließen. Das Gesetz der Bildung von Gruppen lässt Muster erkennen, angefangen von einfachen Zahlenreihen, Buchstabenkombinationen oder Trikots von Mannschaften bis hin zu komplexen Mustern im Handeln und Denken. Wir nehmen assoziativ wahr: Brennende Kerzen auf einem Kuchen lassen uns sofort an eine Geburtstagsfeier denken, auf einem Tannenbaum allerdings an Weihnachten, bunt gefärbte Eier verbinden wir mit Ostern und ein gebratener Truthahn erinnert die US-Amerikaner an ihr wichtigstes Fest im Jahr, Thanksgiving. Solche Unterschiede in der kulturellen Wahrnehmung lassen sich auch beim Figur-Grund-Prinzip erkennen. *Wenn sich Menschen eine Szenerie ansehen, neigen diejenigen, die in den USA aufgewachsen sind, dazu, mehr Zeit mit dem Überprüfen der Figur zu verbringen, während sich diejenigen, die in China großgeworden sind, stärker auf die Einzelheiten des Grunds konzentrieren* (Zimbardo 2016, 167). Alle von der Gestaltpsychologie entdeckten Prinzipien unserer lernenden Wahrnehmung können im Alltag ungemein hilfreich sein. Sie können aber auch Quelle von vielfältigen Täuschungen sein. Damit wird deutlich, dass unsere Wahrnehmungen nicht nur durch Lernprozesse, sondern auch durch kulturell und familiär geprägte Erwartungen, eine soziale Situation oder Bedingungen des Kontextes gesteuert werden.

VERZERRUNGEN

Die Verarbeitung der Sinnesreize ist allerdings nicht nur abhängig von unseren Erfahrungen, sondern auch von unseren Erwartungen. Auch das ist ein Teil einer Top-down-Verarbeitung. Dabei erhalten die sinnlichen Informationen eine psychische Bedeutung. Es ist eine hypothesengeleitete Informationsverarbeitung, die sich aus einem Abgleich zwischen den eingehenden sensorischen Informationen und dem vorhandenen mentalen Wissen ergibt, aus dem wiederum Erwartungen resultieren. Man kann es auch als einen Interpretationsvorgang bezeichnen, denn die sensorischen Daten sagen oft nicht viel aus, müssen erst interpretiert werden, um verstanden zu werden, bevor eine angemessene oder sinnvolle Reaktion der Person erfolgen kann.

Wir gehen allein schon aus Erfahrung mit Erwartungen in bestimmte Situationen, wir lassen uns nicht gern überraschen, bestenfalls im positiven Sinne. Wir besuchen Freunde mit der Erwartung an einen schönen Abend mit guten Gesprächen, leckerem Essen und vollmundigem Wein. Und wenn der Besuch bei diesen Freunden die letzten Male wenig erfreulich oder gar unangenehm war, dann schrauben wir unsere Erwartungen herunter oder entscheiden, gar nicht erst hinzugehen. Wir gehen ins Kino in der Erwartung eines unterhaltsamen und spannenden Films, der uns für zwei Stunden aus der eigenen Wirklichkeit holt und uns neben vielen Sinneseindrücken besondere Einsichten in bislang unentdeckte Seiten des Lebens präsentiert.

Und wir sind in unseren Sinneswahrnehmungen von unseren jeweiligen aktuellen Gefühlen, Bedürfnissen und Motiven abhängig. Wir besuchen ein Restaurant und haben bereits auf dem Weg dorthin mit Sinnesreizen zu kämpfen. Wir nähern uns unserem Partner oder unserer Partnerin in eindeutiger Erwartung und unsere Erwartungen lösen schon Sinnesreize und physiologische Reaktionen aus (Herzfrequenz, Muskeltonus, Perspiration). Manchmal kann die Erwartung so stark werden, dass Widersprüche dazu aus der aktuellen Umgebung nicht gesehen oder gezielt übersehen werden. Dann wird die Situation gemäß den eigenen Erwartungen interpretiert und es wird entsprechend gehandelt.

Welchen Einfluss haben Stimmungen auf unsere Informationsverarbeitung? Man kann davon ausgehen, dass ein emotionaler Zustand, eine Stimmung, ein besonderes Gefühl oder ein emotionales Klima in einer Situation auch als eine Information erlebt werden. Negative Gefühle oder ein schlechtes emotionales Klima signalisieren problematische Situationen oder Beziehungen und umgekehrt scheinen gute Gefühle und Stimmungen auf unproblematische Situationen zu verweisen (Bless/Ruder 2000, 311). Dies wiederum hat Folgen für die Wahrnehmung. In unproblematischen Situationen wird eher darauf verzichtet, weitere genaue Informationen über den situativen Kontext einzuholen, während schlechte Stimmungen dazu anregen, sich genauer zu orientieren und mehr Informationen einzuholen und zu verarbeiten, um sich ein Bild davon zu machen, warum die Stimmung so schlecht ist. Dies wiederum kann bedeuten, dass Menschen mit einer guten Stimmung mehr von eigenen Erkenntnissen und Überzeugungen (Heuristiken) ausgehen, während Menschen in schlechter Stimmung mehr Umweltreize prüfen (außer z. B. bei schweren Persönlichkeitsstörungen).

Besonders deutlich werden Kontext, Erwartungen, Gefühle, Bedürfnisse und Motive im Hinblick auf unsere Wahrnehmungen in Liebesbeziehungen. Wenn in der Verliebtheit der Liebespartner sich unseren Erwartungen entsprechend verhält und ebenfalls verliebt reagiert, dann entsteht daraus ein gegenseitiger Verstärkereffekt, der uns wahrhaft von Sinnen sein lässt. Die rosarote Brille der Verliebten ist eine Folge einer massiven Wahrnehmungsverzerrung, die den anderen nur noch so sieht, wie man ihn sehen will. Es ist ein Fest der subjektiven Wahrnehmung, die subjektive Attraktivität erscheint unzweifelhaft und geradezu objektiv. Umgekehrt erscheint es bei Trennungen. Hier führt die dunkle Brille der

Wahrnehmung zu einem durchgängig negativen Bild des anderen und auch hier wird die subjektive Wahrnehmung als objektive dargestellt.

Besonders kläglich ist die Wahrnehmung in der Eifersucht, insbesondere in ihrer pathologischen Variante. Hier bestimmt die Wahrnehmung des Eifersüchtigen, was wirklich ist und was nicht. Alles Wahrgenommene wird unreflektiert als Bestätigung der eigenen Sicht gesehen. Hier scheinen feste Überzeugungen und vorgefertigte Erwartungen nur noch nach ihrer Bestätigung zu suchen, alle anderen Faktoren und Sinneseindrücke werden ausgeblendet. Selbst wenn die Informationen in offensichtlichem Widerspruch stehen, werden sie uminterpretiert und als weitere Bestätigung der betrügerischen Absichten des Partners erlebt. Othello scheint ein klassisches Beispiel für einen solchen eifersüchtigen Liebhaber zu sein, denn er hat alle Informationen, die er selbst gewonnen hat und die ihm zugetragen wurden, nach einem vorgefertigten inneren Schema interpretiert.

Ein Extremfall selektiver Wahrnehmung sind soziale Vorurteile. Hier bestehen Meinungen und manchmal sogar vorgefertigte Urteile über Menschen aufgrund eigener Erwartungen, die anscheinend überhaupt nicht mehr abgeglichen werden, weder mit der äußeren Realität, noch mit den inneren Erfahrungen. Es sind Schablonen und Automatismen, die entstanden sind, um das Leben zu erleichtern, die allerdings die Wirklichkeit erheblich verzerren können.

AUTOMATISMEN UND
UNBEWUSSTE WAHRNEHMUNG

Der Vorteil von Automatismen besteht in der Beschleunigung der eigenen Reaktionen und Handlungen. Jede Fußballmannschaft verbringt viel Zeit mit dem Training solcher Automatismen, weil die Vorteile unbestritten sind. Wenn jeder in der Mannschaft weiß, wohin er den Ball spielen soll, wenn jeder weiß, wohin er laufen muss und der Ball genau dort ankommt, wohin er läuft, dann hat eine solche Mannschaft enorme Vorteile im Spiel, weil damit der Spielfluss beschleunigt wird und die gegnerische Mannschaft nur noch hinterherrennt. Gleichzeitig besteht in diesen Automatismen eine große Fehlerquelle, wenn die Abläufe nicht so perfekt funktionieren, wie sie geplant sind. Dann wird die Schnelligkeit zum eigenen Problem.

Automatismen in der sozialen Wahrnehmung laufen unbewusst ab. Wir beurteilen andere Menschen von außen nach innen und schließen vom Aussehen auf ihre Persönlichkeit. Wir sehen nicht nur, was wir sehen, wir meinen, viel mehr zu sehen, als zu sehen ist. Wir betrachten Gesichter von Menschen und schließen dabei auf ihre Persönlichkeiten und Eigenschaften. Wir sehen die Hautfarbe, die Augen, die Kleidung und die Frisur und verarbeiten diese Informationen zu einem ganzheitlichen Bild dieser Person. Es findet ein innerer Abgleich statt, bei dem alle bisherigen Erfahrungen mit solchen Personen herangezogen werden, um uns ein umfassendes Bild zu machen. Dabei schließen wir von den sichtbaren Informationen auf die unsichtbaren. Innerhalb des ganz speziellen Segments unseres Kulturkreises mögen wir mit dem Rückschluss von Augen, Kleidung, Haaren und Alter vielleicht noch richtig urteilen, sobald wir uns aber in anteren Kulturen bewegen, schwindet die Wahrscheinlichkeit, dass unsere assoziativen Einschätzungen richtig sind. Innerhalb von Millisekunden schätzen wir eine andere Person als sympathisch oder unsympathisch, freundlich oder gefährlich, langweilig oder interessant, hässlich oder schön ein. Solche Vorgänge bleiben vorbewusst und es bedarf einer Willensanstrengung, diese vorbewussten Automatismen zu erkennen, zu überprüfen und zurückzunehmen, um sich vorurteilsfrei dem anderen Menschen zu nähern. Geschieht diese bewusste Reflexion nicht, dann ist die Wahrscheinlichkeit groß, dass wir im Sinne einer selbsterfüllenden Prophezeiung lediglich unsere Erfahrungen oder Vorurteile bestätigen.

Anscheinend befinden wir uns mit unserer Wahrnehmung in einem Dilemma: Einerseits können wir uns in komplexen Situationen besser und schneller orientieren, wenn wir alle Informationen, die wir aus der Umgebung wahrnehmen, mit den abgespeicherten Informationen abgleichen. Andererseits besteht die Gefahr der Fehleinschätzung, wenn die abgespeicherten Informationen wenig hilfreich für die Analyse der aktuellen Situation sind. Ja, wir können durch unsere Erfahrung auch in die Irre geleitet werden. Wir glauben an die guten Absichten eines Menschen, wenn wir ihn bislang so kennengelernt haben und übersehen dabei vielleicht, dass er oder sie keine guten Absichten hat – und vielleicht auch niemals hatte. Wenn wir negative Erfahrungen mit bestimmten Situationen oder Menschen gemacht haben, besteht eine große Wahrscheinlichkeit, dass wir auf der Hut sind, obwohl kein Grund dazu besteht. So können negative Beziehungserfahrungen dazu führen, dass wir diese grundlos wiederholen, einem anderen Menschen oder potentiellen Partner damit Unrecht tun und unser eigenes Unglück vorantreiben.

Die Erwartung eines Missgeschicks oder gar Unglücks bezieht sich aber nicht nur auf andere, sondern auch auf uns selbst. Es ist die wiederholt bestätigte Angst zu versagen. Wir meinen, nicht nur andere, sondern noch viel besser uns selbst zu kennen. Wenn wir schlechte Erfahrungen mit uns gemacht haben, verlieren wir den Glauben an unsere Veränderbarkeit und Selbstwirksamkeit. Oftmals bestätigen wir damit aber lediglich ein negatives Bild anderer über uns. Wem die Mutter ein Leben lang vielleicht aus eigener Angst heraus wiederholt hat, dass der Sohn keine musikalische Begabung habe und daher auch mit einem neuen Instrument wieder scheitern werde, der gibt ihr Recht, um im neuerlichen Scheitern geliebt zu werden. Dies bedeutet aber nicht, dass man eine Leistung nicht erbringen kann, sondern dass im Scheitern eine bekannte Bestätigung gesehen wird. Ein geringes Selbstwertgefühl bestätigt sich wiederholt, bis es am eigenen Leiden scheitert oder durch neue Lernerfahrungen widerlegt wird.

Negative Erwartungen können sich auch auf größere Ereignisse richten, das soll nicht nur bei Pessimisten so sein. Noch stärker ausgeprägt führt diese Haltung zu einem Aberglauben, darauf hat schon Freud hingewiesen. *Aberglauben ist zum großen Teile Unheilserwartung, und wer anderen häufig Böses gewünscht, aber infolge der Erziehung zur Güte solche Wünsche ins Unbewusste verdrängt hat, dem wird es besonders nahe liegen, die Strafe für solches unbewusste Böse als ein ihm drohendes Unheil von außen zu erwarten* (Freud 2014, 324). Erwartungen haben insofern die Tendenz, sich stets aufs Neue zu bestätigen und das beginnt mit der Wahrnehmung bestimmter Situationen oder Eigenschaften.

Freud hat auch auf eine besondere Wahrnehmungstäuschung hingewiesen, die als Déjà-vu bekannt ist. Man glaubt etwas wahrzunehmen, was man vorher schon einmal erlebt hat. Wir können davon sprechen, dass unser Gehirn eine Vorliebe für solche Erlebnisse hat, weil wir gern Erlebtes abspeichern, um es später immer wieder zu entdecken. Freud hat dazu eine andere Auffassung. Für ihn ist das Déjà-vu-Erlebnis Folge einer unbewussten Phantasie. Er schreibt: *Ich meine, man tut unrecht, die Empfindung des schon einmal Erlebthabens als eine Illusion zu bezeichnen. Es wird vielmehr in solchen Momenten wirklich an etwas gerührt, was man bereits einmal erlebt hat, nur kann dies Letztere nicht bewusst erinnert werden, weil es niemals bewusst war. Die Empfindung des deja-vu entspricht, kurz gesagt, der Erinnerung an eine unbewusste Phantasie. Es gibt unbewusste Phantasien (oder Tagträume), wie es bewusste solche Schöpfungen gibt, die ein jeder aus seiner eigenen Erfahrung kennt* (Freud 2014, 329). Damit ist die Kategorie der unbewussten Wahrnehmung eingeführt, die von modernen Kognitionspsychologen gern als Wodu-Psychologie bezeichnet wird. *Die Frage, ob wir in der Lage sind, Signale wahrzunehmen, die unterhalb der Schwelle liegen, ist für forschungsorientierte Psychologen, die so etwas für Wodu-Psychologie halten, problematisch. Wie können wir hören, ohne zu hören? Dennoch zeigen die Studien zur Aufmerksamkeit eindeutig, dass es möglich ist, Informationen zu behalten, die nicht beachtet worden sind* (Solso 2005, 87). Damit stehen wir vor der Frage, wie Aufmerksamkeit verstanden werden kann.

AUFMERKSAMKEIT AUF AUTOPILOT

Aufmerksamkeit wird verglichen mit dem Lichtkegel einer Taschenlampe im dunklen Keller: Der Lichtkegel fokussiert einen bestimmten Bereich und lässt gleichzeitig alles andere im Dunkeln. Der Vorteil der Helligkeit im Fokus ist zugleich der Nachteil der Dunkelheit im restlichen Raum. Die Psychologie der Aufmerksamkeit folgt damit dem *Gesetz der Sparsamkeit ... Bedenkt man die astronomische Menge sensorischer Informationen, die kontinuierlich unser Nervensystem erregen, und die begrenzte Fähigkeit kognitiver Systeme höherer Ordnung, Informationen zu verarbeiten, dann kann nur ein kleiner Teil der sensorischen Hinweisreize zur Weiterverarbeitung ausgewählt werden* (Solso 2005, 78).

Aufmerksamkeit entsteht nicht nur aufgrund notwendiger Gefahrenabwehr, sondern auch durch eine einfache Begrenzung unserer Kapazitäten zur Aufnahme und Verarbeitung von Informationen. Wir müssen gut mit unserer Kapazität haushalten und sie für die wirklich wichtigen Situationen und Aufgaben verwenden. Daraus entsteht die Notwendigkeit der selektiven Aufmerksamkeit und dies wiederum hat erhebliche Konsequenzen für unsere Wahrnehmung. Wir nehmen nur das wahr, was im Fokus unserer Aufmerksamkeit ist und vernachlässigen andere Ereignisse unserer Umwelt, die uns unwichtig erscheinen. Damit besteht die Gefahr, dass selektive Aufmerksamkeit unsere Wahrnehmungsmöglichkeiten einschränkt. Wie wir allerdings in dem Eingangsbeispiel des eingeschlossenen Kindes gesehen haben, können wir auch Ereignisse wahrnehmen, denen wir nicht unsere aktuelle Aufmerksamkeit schenken. Vielleicht sollte man zwischen einer aktiven und bewussten Aufmerksamkeit und einer passiven und unbewussten unterscheiden.

Von einer solchen Differenzierung durch die Einführung einer tiefenpsychologischen Dimension ist man in der Kognitionspsychologie allerdings wenig angetan. Die Kognitionspsychologie beschäftigt sich vorrangig mit fünf Aspekten der Aufmerksamkeit: 1. der Selektivität der Aufmerksamkeit aufgrund begrenzter Verarbeitungskapazitäten; 2. der Steuerung der Aufmerksamkeit; 3. den Automatismen, die es uns ermöglichen, auch Reize aus der Umwelt wahrzunehmen, denen wir nicht unsere Aufmerksamkeit schenken; 4. der Neurokognition, nach der die Aufmerksamkeit Folge der Arbeit des gesamten Gehirns ist; 5. Aufmerksamkeit macht Ereignisse bewusst und ist damit die Grundlage des Bewusstseins. Unbewusste oder nicht bewusste Aufmerksamkeit gibt es für Kognitionspsychologen nicht, dafür sind ihre Berührungsängste mit der Psychoanalyse zu stark. Sie führen die meisten Fehler der Wahrnehmung auf ein Aufmerksamkeitsdefizit zurück, weil das Gehirn auf Autopilot schalte.

Ein Fokussieren der Aufmerksamkeit hat unbestritten den Vorteil, sich auf etwas konzentrieren zu können, auch wenn dabei andere Reize ausgeschaltet oder Ereignisse nicht wahrgenommen werden. Aber es besteht anscheinend jederzeit die Möglichkeit, bestimmte Außenreize dennoch wahrzunehmen. Sie durchdringen damit den Schutzschild des Aufmerksamkeitsfokus. Dies wird als Cocktailparty-Phänomen bezeichnet. Wir kennen dieses Phänomen alle: Wir sind auf einer Party in ein Gespräch vertieft, aber plötzlich hören wir aus dem Stimmengewirr z. B. unseren Namen heraus. Diese Information bekommt sofort eine Priorität unserer Aufmerksamkeit und wir wenden uns dem Sprecher zu, der unseren Namen gesagt hat. Gleiches gilt auch für andere Informationen, die von allgemein menschlichem Interesse sind, wie der Name oder die Stimme der Ehefrau, eine schlüpfrige

Bemerkung über Sex oder der Ausruf »Feuer!«. Es sind Trigger für unsere Aufmerksamkeit, die individuell eine große Variationsbreite haben. Manche Banker und Broker reagieren besonders auf Mitteilungen über starke Börsenkursänderungen, Eltern auf bedenkliche Berichte über ihre Kinder, Sportfanatiker auf überraschende Spielergebnisse, Ängstliche auf vermeintliche Bedrohungen, Depressive auf traurige Ereignisse, Süchtige auf Erzählungen über Alkohol oder Drogen usw. Alle diese hintergründigen Informationen geraten in unseren Aufmerksamkeitsfokus, passieren unsere Filter und erreichen damit unmittelbar unsere Aufmerksamkeit.

Anscheinend gibt es eine kognitive Aktivität jenseits bewusster Prozesse: Schreiben an der Tastatur, Klavierspielen, Tennisspielen, Fußballspielen, Autofahren etc. Vielleicht sollte man zwischen einer bewussten und einer unbewussten Aufmerksamkeit unterscheiden. Die bewusste bezieht sich auf den aktuellen Fokus und steht damit im Vordergrund, während die unbewusste als Hintergrund anscheinend immer eingeschaltet ist und besonders wichtige Informationen jederzeit durchlässt. Persönlich besonders wichtige Informationen haben anscheinend jederzeit die Möglichkeit, absolute Priorität unserer Aufmerksamkeit zu erhalten. Dies bezieht sich nicht nur auf allgemeine, menschlich bedeutsame oder gar existenzielle Informationen, sondern auch auf sehr persönliche, situative, individuell bedeutsame. Sie haben eine hohe energetische Ladung, die sich nur individuell erschließt. Anscheinend haben wir in bestimmten Lebenssituationen die Fähigkeit, eine jeweils passende innere Hierarchie zu bilden, nach der wir unsere Aufmerksamkeit ausrichten. Diese innere Aufmerksamkeit ist dann in der Lage, auch bei starken äußeren Einflüssen oder großer Fokussierung vom äußeren auf den inneren Fokus zu wechseln.

Wahrnehmung und Aufmerksamkeit sind anscheinend sehr flexibel und passen daher zum Zeitgeist. Flexibilität ist eine moderne Anforderung in globalisierten Zeiten. Brauchen wir zukünftig noch das flexible Gehirn, das sich auf situative Anforderungen einstellen kann? Und welchen Preis zahlen wir dafür? So berichten Psychologen der Goethe-Universität Frankfurt: *Im Alltag begegnen uns diese wiederstreitenden Anforderungen an kognitive Stabilität und Flexibilität häufig, zum Beispiel wenn wir versuchen, in einem vollen Zug die Gespräche von Mitreisenden zu ignorieren um uns auf ein Buch zu konzentrieren (=Stabilität), jedoch bei Ankündigung des Schaffners durchaus wechseln können und zum Beispiel die Fahrkarte aus der Tasche holen (=Flexibilität)* (Informationsdienst Wissenschaft, idw, 18.4.2016). Eine hohe Flexibilität in der Wahrnehmung und Aufmerksamkeit führt anscheinend zu besseren Leistungen und kürzeren Reaktionszeiten, der Preis ist allerdings, dass diese flexiblen Menschen sich auch leichter ablenken lassen und man wichtige und unwichtige Informationen weniger gut unterscheiden kann.

Diese Unterscheidung zwischen wichtigen und unwichtigen Informationen ist neben der aktuellen Lebenssituation abhängig von unseren bisherigen Erfahrungen. Diese wiederum werden permanent von unserem Gedächtnis bereitgestellt. Aber auch beim Erinnern gibt es Begrenzungen und Besonderheiten, die individuell sehr verschieden sein und damit zu ganz eigenen Denkfehlern und Irrtümern führen können. Denn wenn wir uns an bestimmte Erfahrungen eher als andere erinnern, wenn sie gefärbt, beschönigt, bereinigt oder verzerrt sind, dann lassen sie uns in manchen Situationen mit einer fehlerhaften Aufmerksamkeit, einer selektiven Wahrnehmung und Denkfehlern zurück.

WIE VIEL WAHRHEIT VERTRÄGT DER MENSCH?

Erinnerungen sind eine wesentliche Tätigkeit unseres Bewusstseins. Eine wiederkehrende Frage der Gedächtnisforschung ist, ob es ein Hirnareal gibt, in dem das Gedächtnis lokalisiert werden kann. Platon verglich das Gedächtnis mit einer Vogelvoliere, in der die herumfliegenden Vögel die Gedanken seien. Später gebrauchte man die Metapher der Bibliothek als Gedächtnisspeicher, heute ist es der Computer mit seiner wachsenden Speicherkapazität. Aber jede Metapher ist zu einfach, weil es manche Erinnerungen an Ereignisse gibt, die gar nicht stattgefunden haben oder man sich an unangenehme Ereignisse nicht erinnern kann, obwohl es sie gab. Man muss davon ausgehen, dass Erinnerungen des Gedächtnisses keine einzelnen Leistungen oder Operationen sind, sondern dass das Gedächtnis permanent im Hintergrund arbeitet und es uns nur dann auffällt, wenn etwas nicht oder schlecht erinnert werden kann.

Erinnern bezieht sich aber nicht nur auf die Vergangenheit. Unser Gedächtnis hat sogar eine herausragende Bedeutung für unsere Zukunft. Wenn wir vor schwierigen Aufgaben stehen, Probleme lösen oder Konflikte bewältigen müssen, dann werden zunächst alle ähnlichen Erfahrungen aus der Vergangenheit, besonders die guten und wirksamen, abgerufen. Das antizipatorische Gedächtnis ermöglicht es, dass wir uns gedanklich vorbereiten, Situationen ausführlich durchspielen, ein Probehandeln in einzelnen Schritten vergegenwärtigen, um die anstehenden Aufgaben bewältigen zu können. Dies ist etwas, was in Psychotherapien sehr häufig passiert und in dem geschützten Rahmen für Klienten eine besondere Bedeutung hat. Insbesondere die diffuse Angst vor einem Konflikt oder einer Herausforderung kann dadurch reduziert werden und eine realistische Vorbereitung stattfinden (Die Angst ist ein Papiertiger). Unser Gedächtnis arbeitet also nicht nur retrospektiv, sondern auch prospektiv: Man nimmt sich etwas vor, z. B. während der Wachphasen in der Nacht, etwas woran man am folgenden Tag unbedingt denken sollte, und dann vergisst man es. Vergessen gilt also auch für die Zukunft.

Man unterscheidet das semantische Gedächtnis (Daten, Fakten, Zahlen etc.) vom episodischen, bei dem es um die eigenen persönlichen Ereignisse (Biografie) geht. Man könnte das semantische Gedächtnis auch das digitale nennen und das episodische das analoge. Diese beiden Seiten des Gedächtnisses können unabhängig voneinander gestört sein. So können bei einer retrograden Amnesie alle Erinnerungen an die eigene Person, die Identität, den Beruf und die eigene Familie verloren gehen und währenddessen die Erinnerungen an den Rest der Welt noch vorhanden sein, ein für die betroffenen Partner, Kinder und Familien höchst verstörender Zustand. In dem Film *The Bourne Identity* spielt Matt Damon einen Agenten namens Jason Bourne, der nicht mehr weiß, wer er ist und vor Feinden flieht, die er nicht kennt.

Die Speicherung von Informationen und Wahrnehmungsinhalten im Gedächtnis bietet eine Vielzahl von Fehlerquellen, weil sie ein äußerst komplexer Vorgang ist. Denn es werden nicht ganze Bilder oder Ereignisse mit all ihren Formen, Farben, Tönen und Inhalten analog als Ganzes abgespeichert, sondern diese ganzheitlichen Ereignisse werden in ihre Einzelteile zerlegt, dissoziiert und dann digitalisiert. Wenn wir uns erinnern oder erinnern wollen, werden diese Einzelteile wieder zusammengefügt, also re-assoziiert und dabei wieder ins Analoge transferiert. Dieser komplizierte Prozess der Assoziation und Dissoziation, der Digitalisierung und Analogisierung beinhaltet so viele Fehlermöglichkeiten, dass es beinahe ein Wunder ist, wenn alles klappt. Es zeigt aber auch, wie subjektiv, zufällig und störanfällig dieser Erinnerungsprozess ist. Wie hier Fehler in der Erinnerung, falsche Erinnerungen oder richtige Verfälschungen entstehen, welche Faktoren dafür entscheidend sind und inwieweit dieser Prozess bewusst gesteuert und kontrolliert werden kann, können die Forschungen heute noch nicht abschließend beantworten.

So kann das Gedächtnis in erschreckender Weise sozial beeinflusst oder gar manipuliert werden. In einem Experiment (Sokolowski 2013, 185) wurde einer Gruppe von Zuschauern ein Film über einen Unfall zwischen einem Fußgänger und einem *grünen* Auto gezeigt. Anschließend wurden mehrfach Fragen verteilt, in denen jedes Mal von einem *blauen* Auto die Rede war. Anschließend behauptete ein substantieller Teil der Zuschauer, dass ein blaues Auto in den Unfall verwickelt war, obwohl sie ein grünes gesehen hatten, und sie blieben auch langfristig bei der Aussage. Diese Manipulierbarkeit von Wahrnehmung und Gedächtnis ist nicht nur relativierend für die Validität von Zeugenaussagen vor Gericht, sondern auch alarmierend für die Medienwirkung und politische Meinungsbildungen.

Anscheinend kann man sich vor Manipulationen des Gedächtnisses – den eigenen und den fremden – einigermaßen schützen, wenn man versucht, einen Sachverhalt zu verstehen. Denn die Leistung des Gedächtnisses ist abhängig von der Frage, wie gut man sich etwas eingeprägt hat und wie gut man dies behalten kann. Einprägen und Behalten funktioniert wiederum dann am besten, wenn man einen Sachverhalt verstanden hat. Das Verstehen oder auch das Lernen durch Einsicht ist die intensivste Form des Einprägens und es kommt darauf an, wie sich das neu gelernte und gut verstandene Wissen mit dem bereits vorhandenen verknüpft. Eine wichtige Rolle beim Lernen und Erinnern spielen Stimmungen und Gefühle. Emotionale Zustände stellen eine sogenannte Erinnerungsbrücke dar, weil sie das Erinnern erleichtern. Wenn Menschen verliebt sind, können sie Erinnerungen abrufen, die diesem Zustand ähnlich sind. Allerdings können geschlossene Brücken auch dazu führen, dass Erinnerungen blockiert werden. Beispielsweise kann man sich bei starker Eifersucht nicht an Zustände der Verliebtheit erinnern, weil dies augenscheinlich zu schmerzhaft wäre.

Die Erkenntnislage zum Zusammenhang von Gedächtnis und Emotionen erscheint uneinheitlich bis widersprüchlich. Einerseits erinnern wir gern und leicht alle Ereignisse, die mit positiven Emotionen verknüpft sind. Dies gelingt augenscheinlich weniger, wenn Menschen sich trennen wollen, dann sind gute Erinnerungen nicht gefragt. Andererseits erinnern wir uns an negative Ereignisse mehr als uns lieb ist, wenn sie beispielsweise mit Eifersucht und Schuld, aber auch mit Scham und Angst verknüpft sind. Ganz besonders unangenehm sind solche negativen Ereignisse bei Traumatisierungen, dann quälen die Erinnerungen oft noch Jahre später mit blitzartigen Erinnerungen (Flashbacks), die man am liebsten für immer vergessen möchte. Vielleicht besteht eine Lösung dieses Dilemmas darin, das Erinnern nicht generell mit Gefühlen zu verknüpfen, sondern mit der Situation, in der erinnert werden soll. Die aktuelle Beziehungssituation und die darin enthaltenen Gefühle entscheiden darüber, ob erinnert oder vergessen wird. Allerdings sind auch dabei wieder bewusste und unbewusste Prozesse beteiligt. Einen schönen Zugang zum Verständnis dieser Welt zwischen Bewusstem und Unbewusstem bieten die Tagträume.

TAGTRÄUME

Das Unbewusste ist in der Geschichte der Philosophie nichts Neues. Schon 200 Jahre vor Freud hat der große Universalgelehrte, Philosoph und Mathematiker Leibniz (1646–1716) versucht, das Unbewusste mit Hilfe der Logik zu belegen. Seine These: Es muss u. a. deshalb ein Unbewusstes geben, weil der Mensch sonst nicht aufwachen würde, wenn ein anderer ihn weckt.

Man muss davon ausgehen, dass bewusste und unbewusste seelische Prozesse sich nicht so einfach trennen lassen. Vielmehr mischen sich unbewusste Aspekte permanent in unser bewusstes Erleben ein, verzerren es, führen zu Verwirrungen, Irrtümern, Täuschungen oder endlosen Tagträumereien. Man kann es sich vorstellen wie den berühmten Eisberg, der nur zu einem Drittel aus dem Wasser ragt, während zwei Drittel unsichtbar unter der Oberfläche liegen. Manchmal sinnieren wir vor uns hin, geben uns dem Lauf unserer Gedanken hin, erscheinen dabei für andere irgendwie abwesend. Aber wir haben die ganze Zeit über das trügerische Gefühl der letztlichen Kontrolle über unsere Gedanken. Wir können sie jederzeit unterbrechen, uns zwingen, an etwas Anderes zu denken, wir können andere Bilder, Ereignisse oder Erinnerungen ins Bewusstsein holen. All dies gibt uns das Gefühl, dass wir steuern und kontrollieren können, was in unser Bewusstsein dringt, dass wir Herr unserer Sinne sind, dass unsere Kommandozentrale im präfrontalen Kortex gut funktioniert. Man kann diesen Vorgang als Sieg des Bewusstseins, des menschlichen Willens und des Denkens feiern, man kann aber auch viel bescheidener formulieren, dass wir immer nur kurzzeitig in der Lage sind, diesen Strom an inneren Gedanken, Gefühlen und Bildern zu unterbrechen oder umzulenken. Aber wir können ihn nicht verhindern! Sobald unsere Energie nachlässt, beanspruchen diese Gedanken wieder die Aufmerksamkeit und breiten sich im Hintergrund unseres Denkens aus. Tagträume sind in ihrer Logik, ihrem Aufbau und ihren Inhalten nicht weit von den Nachtträumen entfernt.

Es gibt Tagträume, die wir nicht beenden wollen, weil sie einfach zu schön und angenehm sind, viel schöner als die Wirklichkeit draußen. Die Tagträume der Verliebten kreisen in endlosen Wiederholungsschleifen um das Liebesobjekt und empfinden alle Anforderungen von außen als unerwünschte Ablenkungen. Und es gibt Tagträume, die man gern abstellen möchte, weil sie nicht nur stören, sondern schrecklich sind. Oftmals sind dies Scham- und Schuldgefühle, die in ebenso endlosen Wiederholungsschleifen eine Szene wieder ins Bewusstsein rufen, die noch viel später die Schamröte ins Gesicht treibt oder Schuldgefühle auslöst. Es sind quälende Gedanken, die erheblich die Lebensfreude einschränken und wahrhaft Energien rauben. Wir können unser Bewusstsein zwingen, sich in diese wiederkehrenden Tagträumereien einzumischen, sie zu unterbrechen, aber sie letztlich zu stoppen oder daran zu hindern, wiederzukommen, das gelingt uns nicht. Die schönen Tagträume wollen wir nicht beenden und die negativen lassen sich nicht so einfach beenden; es müssen weitere Entscheidungen getroffen werden, beispielsweise den Schritt zur Entschuldigung zu machen.

Unser Bewusstsein kann auf zweifache Weise verstanden werden: einerseits als ein phänomenales, erzählendes, fließendes und erlebnisorientiertes Bewusstsein, das aus Gedanken, Erwartungen, Hoffnungen, Sehnsüchten, Ängsten, Erinnerungen und Bildern besteht; und andererseits als ein reflektierendes Bewusstsein, das die Beschaffenheit der Welt ebenso analysiert wie die Beschaffenheit des Selbst. Dieses Selbstbewusstsein umfasst also nur einen kleinen Teil unseres Bewusstseins. Das Selbstbewusstsein suggeriert uns, alles im Griff zu haben, auf Eventualitäten vorbereitet zu sein, die Erwartungen anderer Menschen ebenso zu kennen wie die eigenen Abgründe. Sicherheit und Kontrolle sind die Maximen unseres reflexiven Selbstbewusstseins und wehe, wenn diese verloren gehen. Wir sehen uns gern als Kommandeure unseres denkenden Bewusstseins, wir glauben gern, darüber entscheiden zu können, was wir denken und empfinden. Und insofern ist es auch nur logisch, wenn wir unserem Handeln die reine Rationalität unterstellen.

Dieses cartesianische Credo des *Ich denke, also bin ich* (*cogito ergo sum*) ist das Wunschbild des aufgeklärten (westlichen) Menschen, der meint, das Leben und seine Gesetze im Griff zu haben. Zu diesem Mann sagt Freud, er sei ein Zirkusclown, ein dummer August: *Das Ich spielt dabei die Rolle des dummen August im Zirkus, der den Zuschauern durch seine Gesten die Überzeugung beibringen will, dass sich alle Veränderungen in der Manege nur infolge seines Kommandos vollziehen. Aber nur die Jüngsten unter den Zuschauern schenken ihm Glauben* (Freud 1914, 97, zit. nach Mertens 2014, 150). Je mehr man sich mit dem menschlichen Bewusstsein beschäftigt, desto deutlicher wird, wie wenig es die Kontrolle über die eigenen Gedanken und letztlich auch über die daraus folgenden Handlungen hat.

Was beinhaltet das Unbewusste? Zunächst muss man deutlich machen, *dass Freud mit seiner Konzeptualisierung unbewusster Vorgänge beileibe nicht nur verdrängte Inhalte gemeint hat, sondern auch solche Prozesse, die gegenwärtig z. B. als »das kluge oder adaptive Unbewusste«, als »Intuition« oder als »schnelles Denken« beschrieben werden* (Mertens 2014, 153). Das Unbewusste ist keine seelische Müllhalde, kein Abladeplatz für angstbesetzte Konflikte vergangener Zeiten, sondern ein Reservoir an Erfahrungen, die wir bislang in unserem Leben gemacht haben. So beinhaltet es alle bisherigen Beziehungserfahrungen inklusive aller Gefühle und bietet damit die Möglichkeit, aus Erfahrungen zu lernen. Ob die Erfahrungen positiv oder negativ waren und ob der Mensch aus diesen Erfahrungen lernt, ist allerdings eine andere Frage. Und zugleich versucht dieses Unbewusste, das menschliche Bewusstsein zu schützen und zu stärken.

Und: Es gibt auch ein unbewusstes Denken. Denken ist nicht immer nur an Bewusstsein geknüpft, darauf hat Mertens eindringlich hingewiesen: *Unablässig kategorisiert und rekategorisiert unser nicht-erfahrungsmäßiges Unbewusstes auftauchende Stimuli, fügt sie zu Mustern zusammen und vergleicht sie mit bereits vorhandenen Erfahrungsmustern im Langzeitgedächtnis* (155). So wird die Handlung eines Menschen in ihrem symbolischen Gehalt wahrgenommen, als Form der Zuwendung, Sorge oder Aggression. Oder der bildhafte Gehalt einer Handlung steht im Vordergrund. Verständlich wird es, wenn man – wie die moderne Kognitionsforschung – davon ausgeht, dass Wahrnehmung kein einmaliges und kurzzeitiges Geschehen sein muss, sondern eher ein Prozess der komplexen Informationsverarbeitung ist, von der sensorischen Reizreaktion bis zur bewussten psychischen Wahrnehmung. In der allerersten Phase noch vor der Aufmerksamkeit (präattentive Phase) wird der Reiz ausgelöst und registriert. Erst dann folgt die bewusste Aufmerksamkeit, sodass es zu einer sprachlichen Symbolisierung kommt. Eine Wahrnehmung wird nicht ausgelöst, sondern in einem Reiz-Verarbeitungsprozess individuell hergestellt und in jeder einzelnen Phase dieses Prozesses kann es zu unbewussten Störungen oder Stillständen kommen.

Wir brauchen das Unbewusste als psychische Kategorie und als seelisches System, um uns davor zu bewahren, Scham- und Schuldgefühle vor uns selbst und vor anderen zu empfinden. *Mit anderen Worten trägt das dynamische System Unbewusst zur Kognition bei, indem es alle Gedächtnissysteme synchronisiert und somit unser Denken synthetisiert, während es gleichzeitig unsere Privatsphäre schützt, indem es unser Bedürfnis geltend macht ... zumindest einen Teil unserer Phantasien oder Bedürfnisse zu befriedigen, die wir als unangenehm betrachten. Das Ergebnis ist üblicherweise eine sanfte und erfolgreiche Vermengung bewusster (öffentlicher) und unbewusster (privater) Affekte und Motive* (Levin 2004, zit. nach Mertens 2014, 159).

Die Speicherung von Wahrnehmungsinhalten bietet eine Vielzahl von Fehlerquellen, weil sie ein äußerst komplexer Vorgang ist. Denn es werden nicht ganze Bilder oder Ereignisse mit all ihren Formen, Farben, Tönen und Inhalten analog als Ganzes abgespeichert, sondern diese ganzheitlichen Ereignisse werden in ihre Einzelteile zerlegt, dissoziiert und dann digitalisiert. Wenn wir uns erinnern oder erinnern wollen, werden diese Einzelteile wieder zusammengefügt, also reassoziiert und dabei wieder ins Analoge transferiert.

Dieser komplizierte Prozess der Assoziation und Dissoziation, der Digitalisierung und Analogisierung beinhaltet so viele Fehlermöglichkeiten, dass es beinahe ein Wunder ist, wenn alles klappt. Es zeigt aber auch, wie subjektiv, zufällig und störanfällig dieser Erinnerungsprozess ist. Wie hier Fehler in der Erinnerung, falsche Erinnerungen oder richtige Verfälschungen entstehen, welche Faktoren dafür entscheidend sind und inwieweit dieser Prozess bewusst gesteuert und kontrolliert werden kann, können die Forschungen heute noch nicht letztlich beantworten. Psychologisch besteht eine wichtige Frage darin, wie unsere unbewussten Abwehrprozesse als Schutzmechanismen uns davor bewahren können, in unserem bewussten Leben mit zu vielen, zu starken und zu negativen Gefühlen konfrontiert zu werden. Dies betrifft insbesondere Traumaerfahrungen.

Bewusstsein und Unbewusstes entwickeln sich und sind nur als ein dynamisches interagierendes System zu verstehen. *Im Kindesalter herrschen noch magische, konkretistische Bewußtseinsmodi vor, die dann nach und nach von der Fähigkeit zur Perspektivübernahme und im Erwachsenenalter von höheren reflexiven Leistungen abgelöst werden können* (Mertens 2014, 165). Dabei haben unsere Erfahrungen eine besondere Bedeutung und einen entscheidenden Einfluss auf unsere Erwartungen und Bewältigungsstrategien, mit denen wir an neue Situationen und Beziehungen herangehen. Je stärker diese positiven wie negativen Erfahrungen sind, desto beharrlicher und stabiler scheinen die damit verbundenen Erwartungen zu sein. *Die neurobiologisch argumentierende Psychoanalytikerin Regina Pally (2007) hat aufgezeigt, dass im Fall früher Traumatisierungen schlecht angepasste Erwartungsmuster nur sehr mühsam verändert werden können, so dass der Betreffende eine ganze Zeitlang mit entsprechenden*

hartnäckigen Wiederholungszwängen zu kämpfen hat, z. B.
immer wieder im Berufsleben oder in Beziehungen in große
Schwierigkeiten gerät oder sogar scheitert (Mertens 2014, 168).
Die frühen Erfahrungen signalisieren immer wieder die
Erwartung der Katastrophe, des Chaos, des traumatischen
Ereignisses und bringen die Bewältigungsstrategien in Bereitschaft, die sich damals bewährt haben, heute aber meist
vollkommen unbrauchbar sind. Die Bindungstheorie hat
dies sehr schön in der Theorie des inneren Arbeitsmodells
konzeptualisiert. Wir verfügen über ein frühes, emotionales,
vorsprachliches und eher unbewusstes Arbeitsmodell, auf
das sich im Verlauf der kindlichen Entwicklung ein späteres,
kognitives, sprachliches und bewusstes Arbeitsmodell setzt.
In Stresssituationen greifen wir zunächst auf das reifere innere Arbeitsmodell zurück und versuchen, dort Antworten
und Lösungsstrategien für den Umgang mit aktuellen Konflikten zu bekommen. Wenn dies nicht funktioniert, greifen
wir auf das frühere Arbeitsmodell zurück und aktivieren damit Ängste, Erwartungen, Situationseinschätzungen und Bewältigungsstrategien, die für die damalige Situation passend
waren, sich heute aber meist als unwirksam herausstellen.
Wenn die unbewussten Ängste, Erwartungen und Bewältigungsstrategien das Kommando übernehmen, haben wir es
mit einem hilflosen Bewusstsein zu tun, das in kindlichen
Ängsten und Handlungsmustern verfangen ist. Es wäre
manchmal schön, wenn man einen Knopf drücken könnte,
mit dem man sein Denken ausschalten kann, zumindest
wenn es unpassend, anstrengend oder destruktiv ist.

AN NICHTS DENKEN

Eine Zen-buddhistische Übung besteht in dem Versuch, an nichts zu denken. Dabei geht es nicht darum zu denken, dass man an nichts denkt, sondern wirklich nicht zu denken. Es soll Menschen geben, denen das gelingt, manchen sogar auf Dauer. Normalerweise denken wir permanent, das Denken ist wie ein fließender Strom sich abwechselnder Gedanken, Erinnerungen, Wunschvorstellungen usw. (*stream of consciousness*, Joyce). Dieser Gedankenfluss wird untermalt von einer Begleitmusik an Gefühlen; manchmal lösen die Gedanken Gefühle aus, dann wieder führen Gefühle zu Gedanken und Assoziationen.

Das menschliche Bewusstsein lässt sich bis heute nicht genau klassifizieren. Während man in der Psychologie der Gefühle klar unterscheiden kann zwischen Angst, Trauer, Ärger, Ekel, Wut und Zorn, Scham und Schuld, Neid und Eifersucht, zwischen Basisemotionen und Mischemotionen, lässt eine solche Systematik bis heute in der Denk- und Bewusstseinspsychologie auf sich warten. Behelfsweise unterscheidet man zwischen Wahrnehmungen, Phantasien, Einschätzungen, Selbstreflexionen, Entscheidungen und Selbstkontrolle (siehe Sokolowski 2013, 46). All dies sind Strukturaspekte unseres Denkens und Bewusstseins, die allerdings »blutleer« bleiben, solange sie nicht mit Gefühlen verbunden werden. Dies lässt sich am Beispiel der Phantasien und der Selbstreflexionen verdeutlichen.

Phantasien entstehen dann, wenn man sich gedanklich von der Wirklichkeit im Hier und Jetzt löst und seinen Gedanken freien Lauf lässt. Damit entsteht in der phantasierten Vorstellung etwas, was in der momentanen Realität gar nicht vorhanden ist, aber dennoch in der Regel einen Bezug dazu aufweist. Man lockert seine bewusste Aufmerksamkeit, öffnet zugleich seine Schleusen zu den momentanen, unbewussten Assoziationen und lässt den auftauchenden Gedanken freien Lauf. Solche Phantasien sind nicht nur die Grundlage der Kreativität eines Menschen, sie haben meistens einen nachvollziehbaren Bezug zur momentanen äußeren Wirklichkeit und können die Basis für wertvolle Selbsterkenntnisse sein. So können erotische Phantasien auftauchen, die einen Hinweis auf die eigenen erotischen Ambitionen zum Gesprächspartner enthalten, es können sadistische Phantasien sein, die einen Hinweis auf die eigenen Aggressionen beinhalten, es können Versöhnungsphantasien, Wiedergutmachungsphantasien, Rachephantasien, Sehnsuchtsphantasien usw. sein. Sobald das Denken loslässt, sich dem Strom der eigenen vorbeifließenden Gedanken hingibt, tauchen Motive auf, die viel über sich selbst, die aktuelle Beziehung zu einem Gegenüber oder auch zur jeweiligen sozialen Situation aussagen. Insofern kann sich Selbsterkenntnis gerade dann einstellen, wenn man nicht krampfhaft versucht, sie herbeizuführen, sondern wenn man loslässt. Bei solchen Gedanken treffen sich durchaus westliche Psychologie und östlicher Buddhismus in einem gemeinsamen Plädoyer für ein lockeres, intuitives Denken. Wichtige Selbstreflexionen entstehen damit nicht als Folge eines angestrengten Nachdenkens über die eigene Person, die eigene Geschichte, die persönlichen Vor- und Nachteile usw., sondern als Folge geistiger Auflockerung. Für manche Menschen sind diese auftauchenden Gedanken allerdings sehr ängstigend oder gar bedrohlich, manchmal nur peinlich, dann wieder äußerst schamhaft, allerdings auch erkenntnisstiftend, wenn verborgene Wünsche und Sehnsüchte auftauchen. Intuition und unbewusstes Denken haben ihre eigene Logik.

INTUITIVES UND RATIONALES DENKEN

Der israelisch-amerikanische Kognitionspsychologe Daniel Kahneman hat 2002 den Nobelpreis für Wirtschaft erhalten, eine für einen Psychologen durchaus ungewöhnliche Ehrung. In seinem Bestseller *Schnelles Denken, langsames Denken* (2011) unterscheidet er ein intuitives, schnelles Denken von einem rationalen, langsamen Denken. Diese beiden Formen des Denkens haben Folgen für die Selbstkonzepte einer Person. Das erlebende Selbst macht Erfahrungen und das erinnernde Selbst führt Buch, trifft Entscheidungen und überwacht das erlebende Selbst (vgl. 505).

Sein Buch ist eine reichhaltige Sammlung von menschlichen Irrtümern und Fehlentscheidungen. Einige davon stammen z. B. aus einer Vernachlässigung der zeitlichen Dauer. So entscheiden sich Menschen lieber für eine kurze Phase intensiver Lust als für eine längere Zeit mäßigen Glücks. Oder sie haben mehr Angst vor einer kurzen Phase starker Schmerzen als vor einer langen Phase mittlerer Schmerzen. Entscheidungen für eine kurze Lust oder gegen eine Unlust bzw. eine Schmerzvermeidung sind menschlich, aber oftmals unvernünftig. Wenn andere Menschen diese Entscheidungen für uns treffen würden, würde es uns selbst häufig besser gehen, weil andere eine größere Distanz und zugleich eine abgeklärtere Haltung haben können, die uns bei Entscheidungen über uns selbst fehlen. Auch die Einschätzung, dass ein Erlebnis als unvergesslicher Moment für immer in der Erinnerung bleiben werde, ist mehr als spontane Bewertung denn als ernstgemeinte Prognose zu verstehen.

Nach Kahneman haben beide Systeme – die man als bewusst-unbewusst, rational-irrational oder logisch-intuitiv klassifiziert – ihre jeweilige Berechtigung. Allerdings ist es die Aufgabe von System 2, dem rationalen Denken, einige der spontanen Entscheidungen des schnellen, intuitiven Systems zu überprüfen. *Das aufmerksamkeitsgesteuerte System 2 ist das, was wir als unser bewusstes Selbst betrachten, System 2 äußert Urteile und trifft Entscheidungen, aber es unterstützt und rationalisiert oftmals Vorstellungen und Gefühle, die von System 1 erzeugt wurden ... es verhindert auch, dass viele verrückte Gedanken und nicht situationsadäquate Impulse offen zum Ausdruck gebracht werden ... Aber System 2 ist kein Inbegriff von Rationalität. Seine Fähigkeiten sind begrenzt, und das Gleiche gilt für das Wissen, zu dem es Zugang hat. Wir denken nicht immer streng logisch, wenn wir nachdenken, und die Fehler sind nicht immer auf falsche Intuitionen zurückzuführen ...* (514). Die Kontrollfähigkeiten und das Wissen unseres rationalen, langsamen Denkens (System 2) sind begrenzt. Zugleich werden die meisten Entscheidungen intuitiv und durchaus richtig getroffen. *Unsere Gedanken und Handlungen werden routinemäßig von System 1 getroffen und sie liegen im Allgemeinen richtig* (514). Das intuitive Denken *ist nur selten ratlos; es wird nicht durch Kapazitätsgrenzen eingeschränkt, und es ist verschwenderisch in seinen Berechnungen* (515).

Kahneman fragt: Wie lassen sich die Fehlentscheidungen oder Verzerrungen des intuitiven Denkens verhindern? Seine Antwort ist kognitionspsychologisch und hoffnungsvoll: *Fehler, die aus System 1 hervorgehen, lassen sich prinzipiell leicht vermeiden: Man sollte die Anzeichen dafür erkennen, dass man sich in einem kognitiven Minenfeld bewegt, mental einen Gang zurückschalten und System 2 um Verstärkung bitten ... Leider wird diese vernünftige Vorgehensweise ausgerechnet dann am wenigsten angewandt, wenn sie am dringendsten notwendig wäre* (516). Er wünscht sich eine Warnglocke bei drohenden Fehlentscheidungen und eine stärkere Stimme der Vernunft. Falsche Entscheidungen sind aus der Sicht dieser Kognitionspsychologie falsch, wenn sie unerwünschte Folgen haben. Dies ist jedoch in der Regel eine späte Erkenntnis, weil man die Folgen erst im Nachhinein abschätzen kann. Für ihn geht es darum, Fähigkeiten zu erwerben, die solche Fehlentscheidungen verhindern, also mehr Rationalität in die intuitiven und irrationalen Entscheidungen zu bringen. Und wie entstehen diese Fähigkeiten? *Der Erwerb von Fähigkeiten erfordert ein geregeltes Umfeld, ausreichende Übungsgelegenheiten und zügige sowie unzweideutige Rückmeldungen über die Richtigkeit von Gedanken und Handlungen. Wenn diese Bedingungen erfüllt sind, entwickelt sich langfristig eine Fähigkeit, und die intuitiven Urteile und Entscheidungen, die uns dann spontan einfallen, werden überwiegend zutreffend sein* (515). Das klingt doch ein wenig zu einfach und optimistisch. Vor allem sind diese Gedanken getragen von dem tiefen Glauben an die Rationalität und die Angst vor der Irrationalität und Intuition. Mir scheint, als mache Kahneman hier einen wichtigen Denkfehler: Er beurteilt die intuitiven, automatischen oder unbewussten Prozesse mit der Logik des rationalen und bewussten Denkens. Was aber, wenn das Unbewusste seine ganz eigene Logik hat? So bleiben einige wichtige Fragen offen: Wie entstehen intuitive Entscheidungen bzw. wie kommt es zu diesen Automatismen, wie verstehen wir vorbewusstes und unbewusstes Denken, gibt es eine Logik in der Irrationalität, wie kommt es zu Bauchentscheidungen und wie kann man sie bewerten?

BAUCHENTSCHEIDUNGEN

Kann man davon ausgehen, dass intuitives Denken auch nach logischen Prinzipien funktioniert oder richtet es sich eher nach einer emotionalen und irrationalen Logik? Stellen Sie sich vor, Ihnen wird in einem psychologischen Experiment folgende Aufgabe gegeben:

Linda ist einunddreißig Jahre alt, ledig, sehr intelligent und sagt offen ihre Meinung. Im Hauptfach hat sie Philosophie studiert. Als Studentin hat sie sich für Fragen der Gleichberechtigung und der sozialen Gerechtigkeit engagiert, außerdem hat sie an Demonstrationen gegen Atomkraftwerke teilgenommen. Welche der beiden folgenden Alternativen ist wahrscheinlicher:

– Linda ist Bankangestellte.

– Linda ist Bankangestellte und in der Frauenbewegung aktiv (103).

Die meisten Menschen wählen die zweite Alternative. Daniel Kahneman hat dieses Beispiel erwähnt um aufzuzeigen, wie unlogisch sich Menschen entscheiden. Eine Kombination von Ereignissen kann nicht wahrscheinlicher sein als nur ein Ereignis von beiden, weil eine Teilmenge nicht größer sein kann als die Gesamtmenge. Jean Piaget hat ein ähnliches Experiment mit achtjährigen Kindern gemacht und sie gefragt: *Gibt es mehr Blumen oder mehr Primeln?* Durch solche und andere Experimente sollte nachgewiesen werden, dass Menschen sich unlogisch verhalten, aber kommt es beim intuitiven Denken überhaupt auf rationale Logik an? Wenn ein Arzt einen Patienten darüber aufklärt, dass 90% der von ihm empfohlenen Operationen erfolgreich seien, dann willigen die meisten Patienten ein. Wenn er allerdings sagt, dass nur 10% der Operationen nicht erfolgreich seien, dann willigen stets weniger Patienten in dieselbe Operation ein. Dies beweist, dass positive Wahrscheinlichkeiten einen Vorteil vor negativen haben, aber beweist es auch, dass Menschen bei diesen Entscheidungen unlogisch sind?

Das Linda-Problem – und Hunderte von Studien, die in seinem Kielwasser durchgeführt wurden, um herauszufinden, wann Menschen mehr oder weniger logisch denken – macht deutlich, wie Forscher sich von der Logik dazu verleiten lassen, die falschen Fragen zu stellen und die interessanten, psychologischen zu vernachlässigen. Es geht nicht darum, ob unsere Intuitionen den Gesetzen der Logik folgen und sie danach zu bewerten, sondern welche unbewussten Faustregeln den Intuitionen zugrunde liegen (Gigerenzer 2007, 107). In seinem Buch *Bauchentscheidungen* beschreibt Gerd Gigerenzer *die Intelligenz des Unbewussten und die Macht der Intuition*, so der Untertitel. Ihn interessieren gänzlich andere Fragen als Kahneman, für ihn geht es um die andere Logik des intuitiven Denkens und um die Faustregeln, die diesem Denken zugrunde liegen. *Ich verwende die Begriffe Bauchgefühl, Intuition oder Ahnung austauschbar, um ein Urteil zu bezeichnen, 1. Das rasch im Bewusstsein auftaucht, 2. Dessen tiefere Gründe uns nicht ganz bewusst sind und 3. Das stark genug ist, um danach zu handeln* (25). Für ihn ist nicht die Frage, ob wir unseren Gefühlen vertrauen können, sondern wann bzw. in welchen Situationen und bei welchen Entscheidungen. Wir werden also von einem Gefühl zum Handeln verleitet, ohne dass uns dieser Vorgang bewusst ist.

Jeder Mensch verfügt – je nach Erfahrung, Alter, Intelligenz, Wertsystem usw. – über ein Arsenal an Faustregeln, nach denen er intuitiv handelt. Diese Faustregeln werden bei neuen Erfahrungen jeweils bestätigt oder verändert, angepasst oder ausgetauscht. So entsteht mit der Zeit ein ganz

persönlicher Werkzeugkasten an Handlungsregeln. Sie ermöglichen es bei wenig Informationen, begrenztem Wissen
und manchmal auch wenig Zeit möglichst gute Einschätzungen und Entscheidungen treffen zu können. Sie sind ein
Handlungswissen für praktikable Lösungen im Alltag. Der
Fachbegriff für solche Faustregeln heißt Heuristiken (griech.
Heureka = ich habe es gefunden). Es sind ganz bewährte
Erkenntnisse aus dem Alltagsleben für den Hausgebrauch.
*Faustregeln sind für die Entstehung von Bauchgefühlen verantwortlich. Beispielsweise teilt uns die Gedankenleseheuristik
mit, was andere wünschen, die Rekognitionsheuristik löst ein
Gefühl aus, das uns verrät, welchem Produkt wir trauen können, und die Blickheuristik erzeugt eine Intuition, die uns sagt,
wohin wir laufen müssen* (57). Letztlich sind solche Heuristiken oder Faustregeln alltäglich und zugleich individuell sehr
verschieden. Sie sind komprimierte Erfahrungen, Muster
des Denkens, Fühlens und Handelns, sind über die Lebensspanne hinweg entstanden, haben sich in einem inneren
Arbeitsmodell zusammengeschlossen und sich als funktional für die Lösung von Alltagsproblemen erwiesen. Sie sind
so logisch wie unlogisch, so rational wie irrational, so funktional wie störend. Allerdings kann man ihnen eine gewisse
Beliebigkeit nicht absprechen. Wenn man sie verstehen will,
muss man den Menschen kennenlernen, der sie entwickelt
hat und in seinem Leben mehr oder weniger erfolgreich anwendet. Allerdings entsteht aus der Theorie der Heuristiken
noch keine geschlossene Theorie des intuitiven Denkens,
insbesondere der menschlichen Denkfehler und Irrtümer.
Dies bleibt weiterhin einem Werk vorbehalten, das Sigmund
Freud vor etwas mehr als 100 Jahren geschrieben hat.

DIE PSYCHOPATHOLOGIE DES ALLTAGSLEBENS

Darf ich Ihnen meine Mutter ... äh ... meine Frau vorstellen ...

Der Klient errötet, während er dies sagt, ihm ist die Situation sofort peinlich, aber seine Frau reagiert recht souverän und sagt: *Nun kennen Sie auf die Schnelle schon unser Problem.* Und dabei lacht sie sympathisch. Sie sollte für lange Zeit recht behalten. Aus seiner Sicht behandelte sie ihn wie ein Kind, aus ihrer Sicht benahm er sich wie eines. Er wollte mit der Mutter keinen Sex mehr, sie auch nicht mit einem Mamasöhnchen. Er hatte immer eine starke Bindung zu seiner Mutter gehabt und eine solche gute Mutter in ihr wiedergefunden; und sie hatte über viele Jahre einen unerfüllten Kinderwunsch gehabt. Hatte er also in ihr eine Mutter gefunden, die auch seine Liebhaberin sein sollte? Und hatte sie in ihm einen Kindersatz gefunden, weil sie selbst kein Kind bekommen hatte? Ohne diesen Versprecher hätten wir viel länger gebraucht, um die Dinge beim Namen zu nennen.

In seinem Buch *Die Psychopathologie des Alltagslebens* hat sich Freud mit Fehlern und Irrtümern des menschlichen Alltags beschäftigt und versucht, diesen Phänomenen auf den Grund zu gehen. Es geht um alles, was man bis dahin lediglich dem Zufall oder einer mangelnden Aufmerksamkeit zuschrieb: Vergessen, Versprechen, Verlesen und Verschreiben, Vergreifen und Irren. Das Buch ist nicht nur eine Fundgrube für Beispiele zu dem Thema, es sagt auch viel über den Autor aus, und der versucht erst gar nicht, dies zu verheimlichen. Im Gegenteil, er nimmt sich selbst oft als Beispiel. *Wenn ich die an mir beobachteten Fälle von Namenvergessen analysiere, so finde ich fast regelmäßig, daß der vorenthaltene Name eine Beziehung zu einem Thema hat, welches meiner Person nahe geht, und starke, oft peinliche Affekte in mir hervorzurufen vermag* (Freud 2014, 85). Freud hat nicht nur selbst viele Beispiele gesammelt, sondern auch alle seine Kolleginnen und Kollegen gebeten, ihm Beispiele aus ihrer Praxis zu schicken und daher liest sich das Buch vielseitig und interessant. Da ist die Rede davon, dass etwas zum *Vorschwein* kommt … Dass der Herr ihr gleich beim ersten Rendezvous seine erotischen Absichten durch die *Bluse* zu verstehen gab … Da sagt ein Mann zu seiner offensichtlich übergewichtigen Frau: Du kannst doch Essen und Trinken, was *ich* will! Da bittet der Juniorchef bei einer Feier zu Ehren des Firmenchefs auf sein Wohl *aufzustoßen*. Da verabschiedet ein Mann seine Verwandtschaft, die bei ihm mehrere Tage zu Besuch war mit den Worten: Ich hoffe euch in Zukunft noch *seltener* zu sehen als vorher! Mehr als 100 Jahre nach Erscheinen des Buches spricht man heute bei solchen Gelegenheiten von einem Freudschen Versprecher und hofft damit, die Lacher auf seiner Seite zu haben und damit der Peinlichkeit der Situation ausweichen zu können.

Solche Bemerkungen erscheinen unabsichtlich, als Folge mangelnder Konzentration oder äußerer Ablenkungen, sind allerdings aus Freuds Sicht ein Hinweis auf unbewusste Absichten und Motive. Das Versprechen entpuppt sich als Teil der inneren Wahrheit, als durch den Versprecher ans Tageslicht kommende wahre Meinung, die er oder sie sich nicht traute, offen anzusprechen. *Man darf ganz allgemein erstaunt sein, dass der Wahrheitsdrang der Menschen soviel stärker ist, als man ihn für gewöhnlich einschätzt* (285).

Was kennzeichnet eine Fehlleistung? Mit Freuds Worten muss *eine psychische Fehlleistung folgenden Bedingungen genügen.*

a) Sie darf nicht über ein gewisses Maß hinausgehen, welches

von unserer Schätzung festgesetzt ist und durch den Aus-
druck innerhalb der Breite des Normalen bezeichnet wird.

b) Sie muss den Charakter der momentanen und zeitweiligen
Störung an sich tragen. Wir müssen die nämliche Leistung
vorher korrekter ausgeführt haben oder uns jederzeit zu-
trauen, sie korrekter auszuführen. Wenn wir von anderer
Seite korrigiert werden, müssen wir die Richtigkeit der Kor-
rektur und die Unrichtigkeit unseres eigenen psychischen
Vorganges sofort erkennen.

c) Wenn wir die Fehlleistung überhaupt wahrnehmen, dürfen
wir von einer Motivierung derselben nichts in uns verspü-
ren, sondern müssen versucht sein, sie durch Unaufmerk-
samkeit zu erklären oder als zufällig hinzustellen (Freud
2014, 303).

Fehlleistungen sind das Ergebnis eines inneren Konflikts
oder einer inneren Ambivalenz.

Manchmal nehmen sie den Charakter einer Selbstsabo-
tage an, weil durch die Handlung unbewusst etwas verhindert wird, das bewusst angestrebt wird. Insofern bezeichnen
Laplanche und Pontalis (1972, 153) Fehlleistungen als *Kom-*
promissbildungen zwischen der bewussten Intention des Sub-
jektes und dem Verdrängten (153). Fehlleistungen sollten also
nicht verkürzt als eigentliche unbewusste Meinungen verstanden werden, sondern als Kompromiss zwischen einer
nicht bewussten Meinung und dem, was die Person aktuell
sagen möchte. Die reine, unbewusste Meinung würde wahrscheinlich in vielen Fällen erheblich eindeutiger und schär-
fer ausfallen. Und dies wäre aller Wahrscheinlichkeit nach
abhängig von der emotionalen Ladung der unbewussten Gedanken.

Wichtig ist allerdings, dass ein Verstehen der Fehlleistung – sofern es nicht offensichtlich ist – nur möglich ist,

wenn man denjenigen gut kennt, der die Fehlleistung vollbracht hat. Allgemeine Interpretationen oder Deutungen sind – wie auch bei den Träumen – stets nah am Kaffeesatzlesen. Ich erinnere mich noch als junger Austauschschüler in den USA ein Mädchen, mit dem ich ausging, gefragt zu haben: Are you mad about me? (Bist du verrückt nach mir?) Ich wollte sie fragen: Are you mad at me? (Bist du mir böse?) Erklären konnte ich dieses Versprechen durch mangelnde Sprachkenntnisse, da ich erst wenige Wochen dort war. Aber sicherlich machte der Versprecher seinen ganz eigenen persönlichen Sinn. Wer meint, sich wirklich gut selbst zu kennen, der kann durch solche Erfahrungen dazulernen. Fehlleistungen sind eine Fundgrube der Selbsterkenntnis und wer es weit von sich weist, überhaupt darüber nachzudenken, der hat sicherlich seine ganz besonderen Gründe dafür.

Der Verlust der Aufmerksamkeit reicht als Erklärung nicht! *Keine andere Gruppe von Phänomenen eignet sich besser zum Beweis der These, dass die Geringfügigkeit der Aufmerksamkeit für sich allein nicht hinreiche, die Fehlleistung zu erklären, als die des Vergessens von Vorsätzen. Ein Vorsatz ist ein Impuls zur Handlung, der bereits Billigung gefunden hat, dessen Ausführung aber auf einen geeigneten Zeitpunkt verschoben wurde* (213). Dies trifft sicherlich auf viele Raucher zu, die sich vornehmen, mit dem Rauchen aufzuhören. *Ich unterscheide Vergessen von Eindrücken und Erlebnissen, also von Wissen, und Vergessen von Vorsätzen, also Unterlassungen. Das einförmige Ergebnis der ganzen Reihe von Beobachtungen kann ich voranstellen: In allen Fällen erwies sich das Vergessen als begründet durch ein Unlustmotiv* (197). Kurz gesagt: Der gute Vorsatz, mit dem Rauchen aufzuhören, wird vergessen, weil die Lust zu rauchen den Vorsatz immer wieder boykottiert und weiter in die Zukunft verschiebt. Mark

Twain hat sich damit gebrüstet, es täglich neu geschafft zu haben, mit dem Rauchen aufzuhören. Selbstironie ist eine freundliche Möglichkeit, mit dem Scheitern seiner guten Vorsätze umzugehen. Das Vergessen der einmal gefassten guten Vorsätze ist eine vergleichsweise einfache Variante des Vergessens, die meisten anderen sind nicht nur komplizierter, sondern auch peinlicher und unverständlicher für die Betroffenen selbst. Und manchmal betrifft das Vergessen nicht nur einen Menschen. Anscheinend kann man sich als Paar sogar gemeinsam darauf verständigen, etwas zu vergessen.

VERGESSEN

Ein Paar kommt und berichtet, es habe sich gestern Abend heftig gestritten und daher sei ihre Beziehung im Moment recht gestört und sie hätten seitdem nicht mehr miteinander geredet. Als ich sie frage, welchen Konflikt sie hatten und worum es dabei ging, wussten es beide nicht mehr. Sie sahen sich gegenseitig fragend an und mussten dann verlegen lachen, weil es so absurd war. Der Konflikt war in einem heftigen Streit geendet und dies alles war nicht vor Jahren, sondern am gestrigen Abend passiert, und dennoch konnten sich beide nicht mehr daran erinnern? Es war eine wie abgesprochene Vergesslichkeit, eine kollektive Amnesie. Während er seine Ratlosigkeit ob des Vergessens bekennt, dreht der Ehemann unablässig an seinem Ehering.

Es entstand eine doppelte Peinlichkeit. Zum einen war dem Paar peinlich, dass sie beide einen Konflikt vom gestrigen Abend schlicht vergessen hatten, zum anderen hatten sie den Konflikt sehr wahrscheinlich gerade deswegen vergessen, weil er ihnen peinlich war. Wir suchten zunächst gemeinsam nach einem Stichwort und wieder einmal ging es um Sexualität. Langsam kam die Geschichte wieder zum Vorschein. Sie berichtete beiläufig beim Essen von einer Freundin, die mit ihrem langjährigen Partner erhebliche sexuelle Probleme habe und ihr Mann machte einen kleinen Männerwitz dazu, wie: Kein Wunder, dass der Mann keine Lust auf diese Frau mehr hat, so wie die drauf ist ... Kaum redeten sie über sexuelle Probleme, kamen sie auf ihre eigenen zu sprechen und sie revanchierte sich für den Männerwitz, indem sie bemerkte, dass ihre Sexualität in letzter Zeit auch nur noch dank Viagra zustande käme, wenn überhaupt. Dadurch fühlte er sich wiederum angegriffen und herausgefordert und bot seiner Frau an, doch mit dieser Freundin zusammenzuziehen, dann wären sich doch beide in ihrer Meinung über die Männer einig und man hätte glatt eine Win-Win-Situation. Ein Wort gab das andere und schon war die Stimmung des Abends verdorben, der eigentlich so schön angefangen hatte. Den Rest des Abends verbrachten sie schweigend miteinander.

Beiden war der Konflikt vom gestrigen Abend peinlich, weil er auf einen tieferliegenden sexuellen Konflikt verwies, den sie nicht ansprechen wollten, weil sie auch keine Idee zur Lösung hatten. Zumindest meinten sie das. Da der Geist nun mal aus der Flasche war, haben wir die restliche Stunde über ihre Sexualität gesprochen, anscheinend war dieses Thema längst überfällig. Aber die Scham – auch wegen seiner Erektionsstörungen – hatte sie beide das Thema meiden lassen. Für ihn hatten seine Erektionsstörungen irgendwelche körperlichen Ursachen, die er nicht kannte und auch nicht kennenlernen wollte, für sie waren sie Ausdruck eines mangelnden Begehrens und Anlass für sehr selbstkritische Gedanken über ihr Aussehen und ihr Alter. In diesem Status quo lebten sie seit mehreren Jahren, ohne je darüber gesprochen zu haben. Beide hatten sich hinter oberflächlichen Rationalisierungen verbarrikadiert, darunter war viel Wut auf den Partner, dem die eigentliche Schuld an der ganzen Misere zugeschoben wurde. Die Sitzung brachte dies alles zutage, bot zwar keine einfache Lösung, brachte beide aber wieder ins Gespräch miteinander. Und am Ende war zumindest sehr klar, warum sie beide den Konflikt vom gestrigen Abend vergessen hatten.

Freud hat in seiner Psychopathologie des Alltagslebens alle möglichen Varianten, Hintergründe und Motive des Vergessens angeführt und auch schon auf diese Art des kollektiven Vergessens hingewiesen. *Ich will noch darauf hinweisen, daß das Namenvergessen in hohem Grade ansteckend ist. In einem Gespräch zweier Personen reicht es oft hin, daß die eine äußere, sie habe diesen oder jenen Namen vergessen, um ihn auch bei der zweiten Person entfallen zu lassen* (Freud 2014, 104). Heute sind solche Phänomene unter dem Stichwort interpersonelle Abwehr oder partnerschaftliches und familiäres Unbewusstes besser bekannt und untersucht und lösen keine Überraschungen mehr aus. Auch in der Familienpsychologie sind solche Phänomene der gemeinschaftlichen Fehlleistungen oder des familiären Unbewussten bekannt. Dann übersehen alle in der Familie das Drogenbesteck des Sohnes auf dem Küchentisch, bemerkt die Familie die Spritzer an den Toilettenwänden nicht, die vom regelmäßigen Erbrechen der bulimischen Tochter stammen, vermeiden alle ein Gespräch über den Alkoholkonsum des abhängigen Vaters, reden alle über die chronisch psychisch kranke Tochter und vergessen dabei, dass sie im Raum sitzt oder es übersehen alle in der Familie die Schwangerschaft der Tochter bis zur Geburt des Kindes. Eine besondere Form des kollektiven Vergessens – besser Verdrängens – in deutschen Familien ist immer noch das konkrete Geschehen in der Zeit des deutschen Faschismus.

Während Freuds Theorien über das Vergessen als Fehlleistung, also die unbewussten Absichten dahinter, selbst in der akademischen Psychologie noch heute immer wieder bestritten werden, gibt es mindestens zwei Bereiche, in denen man wie selbstverständlich von einer unbewussten Absicht ausgeht, auf die Freud selbst auch schon hingewiesen hatte: Das Vergessen in der Liebe gilt als Absicht und beim Militär als Dienstverweigerung. *Ein Liebhaber, der das Rendezvous versäumt hat, wird sich vergeblich bei seiner Dame entschuldigen, er habe leider ganz vergessen. Sie wird nicht säumen, ihm zu antworten: Vor einem Jahr hättest du es nicht vergessen. Es liegt dir eben nichts an mir* (Freud 2014, 214). Dem Liebhaber wird unbewusste Absicht unterstellt, gleiches gilt für den Soldaten, der darüber hinaus Sanktionen zu fürchten hat, d. h. hier wird sogleich die unbewusste Absicht bestraft. Freuds ironisches Fazit: *Frauendienst wie Militärdienst erheben den Anspruch, daß alles zu ihnen Gehörige dem Vergessen entrückt sein müsse, und erwecken so die Meinung, Vergessen sei zulässig bei unwichtigen Dingen, während es bei wichtigen Dingen ein Anzeichen davon sei, daß man sie wie unwichtige behandeln wolle, ihnen also die Wichtigkeit abspreche* (215).

Man kann sich die Attitüde des Vergessens und der Vergesslichkeit auch zunutze machen. Es gibt Menschen, die sich eine solche Haltung zulegen, weil sie meinen, damit leichter durchs Leben zu kommen und sich vor unangenehmen Folgen drücken zu können. Sie bezahlen grundsätzlich Rechnungen zu spät oder vergessen sie einfach ganz, sie geben entliehene Bücher nicht zurück, sie vergessen Treffen,

Termine, Zusagen oder Absprachen. Solche Menschen vergleicht Freud mit Kurzsichtigen, die man gern entschuldigt, wenn sie auf der Straße nicht grüßen. Diese Haltung der Vergesslichkeit hat manchmal durchaus Vorteile in entfernteren sozialen Beziehungen, in partnerschaftlichen und familiären allerdings wird daraus leicht eine nicht zu tolerierende Unzuverlässigkeit, insbesondere dann, wenn Kinder versorgt werden müssen.

Für musikalische Menschen oder diejenigen, die sich dafür halten, können auch bestimmte Melodien oder Musikstücke eine Hilfe sein, etwas über den momentanen Zustand der eigenen Seele bzw. des eigenen Unbewussten zu erfahren. Es scheint sich zu lohnen, darauf zu achten, welche Melodie man summt oder welches Lied man pfeift oder singt, denn die Bedeutung der Melodie, des Textes oder der Symbolik des Liedes können wichtige Hinweise auf eigene unbewusste Themen beinhalten. Unbewusste Absichten offenbaren sich manchmal auch in beiläufigen und unabsichtlichen Berührungen, in doppeldeutigen Bemerkungen oder sexuellen Anspielungen. Man kann den Spuren des eigenen Vergessens nachgehen und damit durchaus die Selbsterkenntnis erhöhen. Gänzlich anders verhält es sich mit den Irrtümern.

IRRTÜMER

Freud trifft eine wichtige Unterscheidung zwischen Vergessen und Irrtümern. Das Vergessen bemerken wir, sind peinlich berührt und erkennen es sofort als einen Fehler, bei Irrtümern sind wir allerdings der Überzeugung, weiterhin im Recht zu sein. *Die Irrtümer des Gedächtnisses sind vom Vergessen mit Fehlerinnern nur durch einen Zug unterschieden, daß der Irrtum (das Fehlerinnern) nicht als solcher erkannt wird, sondern Glauben findet* (281). Der irrende Mensch ist nicht peinlich berührt wie derjenige, der etwas vergessen hat, sondern er glaubt wirklich, was er denkt. Dieser Umstand macht es umso schwerer für den Betroffenen, Irrtümer zu erkennen und aufzudecken.

Irrtümer haben etwas mit unterdrückten Wünschen zu tun und Wünsche sind häufig ambivalent. Sie quälen das Seelenleben und legen es manchmal gänzlich lahm, weil einem Einerseits immer auch ein Andererseits entgegensteht. Soll ich mir diesen Pullover jetzt kaufen oder soll ich noch bis zum Ausverkauf warten; soll ich jetzt mit diesem Mann meine Zukunft planen oder findet sich noch ein besserer; soll ich mich für dieses Auto entscheiden oder soll ich doch das andere nehmen; soll ich diese Stelle annehmen, obwohl sie nicht so gute Aufstiegschancen bietet oder soll ich mich für die andere entscheiden usw. usf. Manchmal versucht man, sich zu einer Entscheidung durchzuringen, um eine Klärung und Eindeutigkeit herbeizuführen. Die jeweils andere Seite der Ambivalenz bleibt dann unberücksichtigt und geht leer aus: Dann bekommt man nicht den Pullover, entscheidet sich für diesen Mann, kauft ein anderes Auto oder sagt das Jobangebot ab. Irrtümer sind nun eine wunderbare Möglichkeit, die eigene Entscheidung wieder rückgängig zu machen, sich selbst zu boykottieren und die andere Seite eines unterdrückten Wunsches doch noch zu befriedigen. Dann kommt es zu Irrtümern, die scheinbar aus Versehen stattfinden und damit die bewusste Entscheidung wieder rückgängig machen. Die Umwelt reagiert entrüstet: Du wollest doch nicht dieses Auto kaufen und jetzt hast du es doch gemacht? Du hast doch vorher so schlecht über den Job geredet und jetzt hast du ihn doch angenommen? Man begeht Irrtümer, um *einen ungern unterdrückten Wunsch vermittels eines Irrtums* (289) dennoch zu befriedigen.

Was heißt das für Othello? War der Mord also doch eine unbewusste Absicht, gab es einen *ungern unterdrückten Wunsch*, seine Frau Desdemona umzubringen? Hat er die Intrige unbewusst nur zum Anlass genommen, das zu tun, was er eigentlich schon längst tun wollte? Denkbar wäre, dass er erhebliche Aggressionen gegen seine Frau empfand, weil er durch sie immer wieder seine schlechte Herkunft und seine Minderwertigkeit zu spüren bekam. Nicht, dass sie ihn dies unbedingt spüren ließ, sondern dass er diese Gefühle einfach in ihrer Gegenwart hatte und sich in seinem geringen Selbstwert nicht davon lösen konnte. Seine Stärke war künstlich, nicht echt, war nicht in seine Identität integriert worden, war für ihn äußerlich geblieben, und daher war er vielleicht stets anfällig für Minderwertigkeitsgefühle und Kränkungen geblieben. Kann man einen Mord auch als Fehlleistung begehen, also auf scheinbar unabsichtliche Weise den Tod eines geliebten Menschen herbeiführen?

MORD ALS FEHLLEISTUNG

In einer kurzen Erzählung, die nur aus einzelnen Fragmenten, wenigen Sätzen und Andeutungen besteht, beschreibt Max Frisch in der *Skizze eines Unglücks* (Frisch 1996), wie es kam, dass ein Mann bei guter Sicht mit seinem Wagen in einen Unfall geriet, bei dem seine Geliebte starb. Und er stellt zwischen den Sätzen unausgesprochen die Frage, ob dies alles Zufall war oder nicht. Hat der Mann den Unfall in unbewusster Absicht herbeigeführt?

Viktor, ein Chirurg, hat Marlis das Leben gerettet und

jetzt sind sie ein Paar auf einer Liebesreise durch Frankreich Richtung Spanien. *Sie hat ihn im Bürgerhospital kennengelernt als Arzt, dem sie sozusagen ihr Leben verdankt; seinetwegen ist sie in Scheidung* (10). Marlis ist Romanistin, Dr. phil., sie mag intelligente Männer. Er hält sich nicht für intelligent. Sie liest gern Le Figaro Litteraire, er redet gern über Essen. Sie fahren im offenen Porsche Cabrio durch die Provence, sie liest dabei laut den Michelin Reiseführer vor, auf Französisch. Er ist 42 Jahre alt, Junggeselle, sie ist verheiratet und hat einen Sohn. Sie wohnen nicht zusammen, das wäre schlecht für ihre Scheidung, meint sie.

Beide haben solche Liebesfahrten schon mehrfach gemacht, die erste ins Elsass. Er will eigentlich nicht mehr weiterfahren, vielleicht will er die ganze Beziehung nicht mehr? *In Avignon, allein im Badezimmer, das er abriegelt, obschon sie noch schläft. Ist er entschlossen: So nicht weiter! Er will es ihr beim Frühstück sagen (ohne Streit): Kehren wir um! Es ist vernünftiger* (9). Sie nennt ihn Vik. Als sie ihn noch als Arzt bewunderte, hatte er noch Humor. *Er ist langweilig und weiß es* (12). Sie zeigt es nicht, wenn sie ihn nicht klug findet, aber er merkt es. *Er gedenkt nicht zu heiraten* (13). Er will die Fahrt nicht mehr. *Sie singt nicht mehr, er überholt nicht mehr, sie schweigen* (14). Während der Reise hat sie ihm viele Fragen gestellt, über Kultur, Geschichte, die Päpste und Avignon, er hat dazu seine Meinung gesagt und sie fragte stets zweifelnd nach, ob er sicher sei. Das hat ihn geärgert, diese stille Besserwisserei, die ihn als intelligenten Mann infrage stellte. *Er bemerkt jetzt jeden Fehler, den er macht* (19). Und sie sucht in jeder Stadt, in der sie anhalten, nach neuen Schuhen, obwohl sie einen halben Koffer voller Schuhe dabeihat. Stattdessen trägt sie Schuhe, die sie drücken. *Er ist entschlossen, munter und locker zu bleiben* (20) und will sich nicht anmerken lassen, wie nervig er sie mittlerweile findet, dass er nicht weiterfahren möchte. *Schade um die Bettnächte* (22). Sie verstehen sich nicht. *Wenn er meint, er habe Humor, findet sie es meistens nicht; dann wieder kommt es vor, dass sie über eine Bemerkung von ihm auflacht, und er weiß nicht, warum* (24). Als er allein ist, weil sie mal wieder in der Stadt einkaufen ist, trinkt er einen Aperitif unter Palmen und fühlt sich plötzlich wie im Urlaub.

Eine Stunde vor dem Unglück will er noch einen Kaffee trinken und danach besteht er darauf, selbst zu fahren. Diesmal schnallt sie sich an, was sie sonst nicht getan hat. *Er hatte Vorfahrt, insofern keinerlei Schuld. Der Lastwagen mit Anhänger kam von links in die Allee kurz vor Montpellier. Es war Mittag, sonnig, wenig Verkehr –* (9). Sie hat den Lastwagen gesehen und ihn gewarnt, er hat ihn auch gesehen, aber nicht gebremst, denn er hatte ja Vorfahrt. *Es kann sein, daß er sogar Gas gegeben hat, um zu zeigen, daß er sicher ist. Sie hat geschrien. Die Gendarmerie von Montpellier gab ihm recht* (39). Juristisch ist die Sache eindeutig, psychologisch eine Fehlleistung? *Viktor kommt mit leichten Verletzungen davon, Schnittwunden an der Schläfe, erinnert sich aber an keinen Lastwagen mit Anhänger. Sie stirbt auf dem Transport ins Hospital von Montpellier. Er erinnert sich nicht einmal an die Allee, wo es passiert ist, wo jetzt der gekippte Anhänger zwischen den Platanen liegt; beim Augenschein kommt es ihm vor, als befinde er sich zum ersten Mal in dieser Allee mit der Kreuzung, wo er verhört wird (französisch) und erfährt, dass er Vorfahrt hatte, also keine Schuld* (36–37). Später wird er Oberarzt, dann Chefarzt, heiratet, bekommt zwei Kinder. *Er hatte nie wieder einen Unfall* (38), obwohl er weiterhin viel reiste, aber nie wieder nach Spanien.

3.

VERWIRRUNGEN DER BEZIEHUNGEN – TÄUSCHUNG UND INTRIGE

Täuschen ist menschlich. Wer von sich meint, nicht zu täuschen, der täuscht sich. Die moderne Psychologie hat zum Thema täuschen eine kurze und klare Meinung: *Der Mensch ist ein Wesen, das andere täuscht, sich aber auch über sich selbst täuscht* (Mertens 2014, 75). Wir haben in den vorangegangenen Kapiteln viele Gründe dafür erfahren, wann, wie und warum wir uns selbst täuschen können. Unsere Gefühle und Wahrnehmungen, unser Denken und Handeln sind voller Fehlermöglichkeiten und Widersprüche, sodass Eindeutigkeit und Klarheit wie ein Wunder erscheinen. In diesem Kapitel will ich darstellen, welche Folgen diese vielfältigen Verwirrungen der Gefühle und des Geistes für unsere sozialen Beziehungen haben.

Entstehen aus Selbsttäuschungen automatisch Täuschungen anderer? Woran kann man erkennen, ob wir uns selbst täuschen oder eher getäuscht werden? Und haben die Täuschungen und Selbsttäuschungen nicht auch etwas mit unseren Gefühlen in den jeweiligen Beziehungen zu tun? Wenn wir wirklich geliebt oder verstanden werden, könnten doch unsere Selbsttäuschungen freundlich übersehen werden, sodass es nicht zu Verwirrungen in den Beziehungen kommt. Sind also Täuschungen vor allem ein Ausdruck mangelnder Liebe und Zuwendung? In unserer Selbstwahrnehmung werden wir meist von anderen getäuscht, wir selbst täuschen uns nur, wenn wir von anderen zuvor in die Irre geführt worden sind. Daher kreisen unsere Gedanken bei solchen Täuschungen um die Motive der anderen, wir selbst erleben uns als Opfer. Auf diese Weise denken wir uns alles schön und freundlich für uns: Die Täuschungen der anderen sind absichtlich und unsere – wenn überhaupt – eher unbewusst! Das ist die klassische Selbsttäuschung! Und was ist mit den unbewussten Absichten anderer, mit denen wir getäuscht werden? Oftmals ergeht es uns selbst in den vertrautesten Beziehungen so wie dem Falschfahrer auf der Autobahn: Alle anderen fahren scheinbar in die falsche Richtung und merken es nicht.

Menschliches Handeln ist individuell variabel und vieldeutig in den Bedeutungen. Wir wissen aus eigener Erfahrung, dass die gleiche Situation – eine Begegnung, ein Konflikt, ein Treffen – zu verschiedenen Zeiten unterschiedliche Reaktionen auslösen kann. Manchmal machen Stimmungen den Unterschied, situative Umstände, andere Beteiligte, besondere Erwartungen, die letzte Situation dieser Art oder eine Mischung aus vielen Faktoren. Dann reagieren wir vielleicht heftig, unfreundlich oder abweisend und beim nächsten Mal wieder so, wie wir gern sein wollen: freundlich, respektvoll, zugewandt. Wie können wir unsere eigenen unterschiedlichen Reaktionen verstehen, geschweige denn die Mehrdeutigkeit oder Widersprüchlichkeit der anderen? Und manchmal können wir andere in ihren Reaktionen sogar besser verstehen als uns selbst. Einen großen Teil unseres Lebens verwenden wir darauf, unsere Gefühle und Gedanken und diejenigen anderer Menschen verstehen zu lernen – und können uns doch nie sicher sein. Wir bewegen uns in sozialen Beziehungen immer nah an der Täuschung und der

Selbsttäuschung und daraus entstehen Verwirrungen, die rein kommunikativ kaum noch zu entwirren sind. Dann kommen Paare in die Beratung, die von ihren Kommunikationsproblemen sprechen, die nicht mehr miteinander reden können oder bei denen das Reden zu einer Abfolge von Missverständnissen führt, sodass sie irgendwann aufhören, überhaupt noch miteinander zu sprechen, nur um Verwirrungen und Streits zu vermeiden. Aber im Schweigen steckt eine große Beredsamkeit, die auf Dauer auch keine Lösung sein kann.

DER MENSCH IST EITEL UND DIE WAHRHEIT EIN ZUFALL

Seit ein paar Jahren gibt es einen modernen psychologischen Ansatz, der an die alte Tradition einer verstehenden Psychologie anknüpft: das Mentalisieren. Dieser besteht in dem Versuch, sich Gedanken über die Gedanken und Gefühle anderer – und auch die eigenen – zu machen. Der Weg besteht darin, die anderen Menschen von innen und sich selbst von außen sehen zu können, um damit dem Ziel eines besseren Verstehens näher kommen zu können (Fonagy, Target). Aber es bleibt stets bei dem Versuch des Verstehens, absolute Sicherheit ist im Menschlichen nun mal nicht zu erreichen. Manchmal sind wir unschlüssig, gespalten, ambivalent oder widersprüchlich, oder wir täuschen andere, um etwas gezielt zu erreichen. Und nicht selten täuschen wir uns über uns selbst, unsere eigentlichen Motive oder Gefühle. Dann meinen wir Klarheit zu haben, obwohl sie gar nicht vorhanden ist, ehrlich zu sein, obwohl wir unseren Worten selbst misstrauen, offen für Neues zu sein, obwohl wir uns bereits dagegen entschieden haben. Es ist schön und eine Sternstunde der Selbsterkenntnis, wenn wir die eigene Widersprüchlichkeit bemerken, manchmal gelingt uns dies allerdings erst nach heftigen Reaktionen unserer Mitmenschen. Wer kennt sich schon selbst und wie viel schwieriger ist es dann erst bei anderen?

Insofern sind Eindeutigkeit, Klarheit, Offenheit und Ehrlichkeit eher seelische Konstrukte, die auf Scheinbegründungen, Rationalisierungen, Intellektualisierungen und letztlich der Abwehr von Ängsten beruhen. Diese Abwehrmechanismen, bei denen Ängste auf vielfältige Weise verdrängt, verleugnet oder sonst wie abgewehrt werden, bewirken nicht nur ein halbwegs angst- und sorgenfreies Leben, sie haben auch eine reinigende Wirkung für das Seelenleben. Unangenehme, schamhafte, selbstsüchtige oder unangepasste Anteile unserer Persönlichkeit werden abgewehrt, sodass wir zufriedener und näher an unserem eigenen idealen Selbst leben können, auch zum Preis einer Selbsttäuschung. So hat die Verdrängung nicht nur die Funktion, uns vor angstbesetzten, konflikthaften und negativen Gefühlen zu bewahren, sondern auch, unsere egoistischen Handlungsmotive vor uns selbst zu verbergen. Wir bemühen uns, aus uns jeweils das zu machen, was und wie wir gern sein wollen. Die verbliebenen unangenehmen Reste erledigt die Selbsttäuschung.

Wenn unser Selbstempfinden, Selbstbewusstsein oder Selbstwertgefühl schon das Ergebnis eines Beschönigungs- und Bereinigungsprozesses ist, dann täuschen wir damit zugleich alle anderen und nicht nur uns selbst. *Je besser einem dies vor anderen gelingt, umso intensiver können diese Motive auf verdeckte Weise in Handlungen umgesetzt werden ... Obgleich die Verdrängung manchmal kurzfristige Strategien des manipulierenden Betruges zur Folge hat, dient sie häufiger als langfristige Strategie zur Aufrechterhaltung sicherer Beziehungen* (Mertens 2014, 76). Freundlich formuliert: Wenn wir täuschen, lügen, betrügen, manipulieren oder intrigieren, dann sind dies notwendige kurzzeitige Korrekturen oder Anpassungsprozesse, damit wir langfristig Beziehungen pflegen können. Wir lügen und täuschen für einen guten Zweck, meinen es letztlich doch nur gut und wissen nicht immer, was wir tun. Wenn wir es wüssten, wären wir in unseren Täuschungen nicht so glaubwürdig. Selbstverborgenheit hat eben viele Vorteile.

Wie immer sind solche seelischen Vorgänge abhängig von ihrer Quantität und Qualität, und dazwischen befinden sich fließende Übergänge. Wenn nur wenige seelische Themen oder Konflikte davon betroffen sind und diese eher kurzzeitig wirksam sind, dann kann man in den meisten Fällen sicher noch von einem gesunden Menschen sprechen. Solange die Arbeits- und Liebesfähigkeit eines Menschen eher marginal und für kurze Zeit beeinträchtigt ist, kann man seine Selbst- und Fremdtäuschungen tolerieren. *Doch bei einem neurotischen Menschen beeinträchtigen die Selbsttäuschungen nahezu alle gegenwärtigen interpersonellen Beziehungen sehr stark. Andere Menschen werden überwiegend als Projektionen und Übertragungen früherer Elternfiguren wahrgenommen. Dadurch wird der Betreffende unfähig, offene und auf Gegenseitigkeit beruhende Beziehungen zu wichtigen Personen in seinem Leben aufzunehmen und seine defensiven Selbsttäuschungen hindern ihn daran, die Intentionen zu verstehen, die sie ihm gegenüber hegen, und sie als diejenigen Personen wahrzunehmen, die sie wirklich sind* (Mertens 2014, 76–77). Täuschung wird damit auf mehrfache Weise relativ: individuell, sozial und kulturell.

Nietzsche, dieser radikale Vordenker der modernen Psychologie, sieht die Täuschungen des Menschen als Folge seiner umfassenden Eitelkeiten und hält die Wahrheit für ein unwahrscheinliches Zufallsprodukt. *Im Menschen kommt diese Verstellungskunst auf ihren Gipfel: hier ist die Täuschung, das Schmeicheln, Lügen und Trügen, das Hinter-dem-Rücken-Reden, das Repräsentieren, das im erborgten Glanze leben, das Maskirtsein* [sic], *die verhüllende Convention, das Bühnenspiel vor Anderen und vor sich selbst, kurz das fortwährende Herumflattern um die eine Flamme Eitelkeit so sehr die Regel und das Gesetz, dass fast nichts unbegreiflicher ist, als wie unter den Menschen ein ehrlicher und reiner Trieb zur Wahrheit aufkommen könnte* (Nietzsche 1980, Band 1, 876). Dies hat wiederum Folgen für das Denken, denn es wird in den Dienst der Täuschung, der Eitelkeit und des Ringens um soziale Vorteile gestellt. *Der Intellekt, als ein Mittel zur Erhaltung des Individuums, entfaltet seine Hauptkräfte in der Verstellung, denn diese ist das Mittel, durch das die schwächeren, weniger robusten Individuen sich erhalten* (876). Dies ist evolutionär gedacht, das Denken ist für Nietzsche hier nichts anderes als der Versuch, den Vorteil anderer spezialisierter Arten auszugleichen. Und was Nietzsche fulminant beschreibt, bringt Peter von Matt in einem einzigen Satz über den Menschen in eine anthropologische Dimension: *Homo fallax, das wissentlich täuschende Wesen* (von Matt 2006, 220). Aus psychologischer Sicht habe ich nur mit dem Wort wissentlich ein Problem, weil die meisten und wahrscheinlich auch wichtigsten Selbst- und Fremdtäuschungen des Menschen unbewusst geschehen. Vereinfacht ausgedrückt bedeutet das Diktum von Matt allerdings, dass Täuschungen zu einem normalen Leben dazugehören, in kleinen Maßen durchaus verständlich und tolerierbar sind, aber keinesfalls einen Hinweis auf seine grundsätzliche, moralische oder moderne Verdorbenheit beinhalten. Kant hätte dies wahrscheinlich anders gesehen, Schiller, der große deutsche Dramaturg der Täuschung und Intrige sicherlich ebenso, aber das wäre nicht wirklich beunruhigend.

VARIATIONEN DER TÄUSCHUNG

Von den normalen Täuschungen und Selbsttäuschungen des Menschen im privaten und beruflichen Alltag sind eine Reihe weiterer zu unterscheiden, die sich wesentlich aus ihrer Funktion ergeben. In einer ersten Systematisierung lassen sich insgesamt zehn Variationen der Täuschung unterscheiden.

1. Täuschung als Regulativ mit der Folge der Selbsttäuschung: Die erste Funktion ist die schon oben angesprochene Täuschung als normales Regulativ für das eigene Seelenleben; wir täuschen uns selbst und damit auch alle anderen, um uns vor unangenehmen Einsichten in unsere egoistischen, peinlichen oder schamhaften Eigenarten zu schützen.

2. Täuschung zur seelischen Selbststabilisierung: Die zweite Funktion besteht in der selbststabilisierenden Wirkung der Täuschung bei bedrohlichen Einschränkungen unseres Seelenlebens. Wann immer die Stabilität unserer Persönlichkeit gefährdet ist – durch akute Krisen, chronische Erkrankungen, massive Konflikte, äußere Bedrohungen, Trennungen und Verluste oder auch die Instabilität der Persönlichkeitsstruktur selbst – täuschen wir uns und andere, um uns selbst wieder zu stabilisieren. Auf diese

Weise passen wir unser aus dem Gleichgewicht geratenes Seelenleben an die jeweiligen besonderen Bedingungen an.

3. Täuschung im alltäglichen Konkurrenzkampf: Diese Täuschung entsteht aus der sozialen und beruflichen Konkurrenz; Menschen täuschen, weil sie sich einen Vorteil verschaffen wollen, dies reicht von der Täuschung durch die weibliche Mode bis zum Mobbing am Arbeitsplatz.

4. Täuschung bei existenzieller Bedrohung: Wenn wir von außen existenziell bedroht werden, müssen wir manchmal täuschen, um diese Gefahren abzuwehren; dies ist eine Täuschung aus der Not heraus oder in einem Überlebenskampf.

5. Täuschung für ein höheres Ziel: Manchmal müssen oder wollen sich Menschen selbst in ihren intimsten Beziehungen maskieren und ihre Liebsten täuschen, weil sie ein vermeintlich höheres, politisches oder religiöses Ziel verfolgen (politischer oder religiöser Aktivist, Schläfer) und jede Art von Aufdeckung fürchten. Dann ist die Normalität ihre Täuschung.

6. Täuschung aus Rache: Eine weitere Funktion ergibt sich aus einem alten Thema, das in der Weltliteratur zu allen Zeiten bearbeitet wurde: die Täuschung aus Rache, bei der das Opfer so lange in Sicherheit gewogen wird, bis der richtige Moment für die Rache gekommen ist. Rache ist ohne gelungene Täuschung nicht möglich, wenn ein Zeitraum der Vorbereitung notwendig ist.

7. Täuschung als besondere Begabung und Gelegenheit: Sie entsteht aus egoistischen Motiven des persönlichen Vorteils und ist nicht selten ein Zufallsprodukt der sozialen Umstände und der besonderen individuellen Begabun-

gen; dann nutzen Menschen die Gunst der Stunde oder ihrer individuellen Möglichkeiten und die Täuschung ist der Preis, den sie dafür in Kauf nehmen.

8. Täuschung zum politischen Machterhalt: Die Täuschungen durch die Vertreter der politischen Macht sind eine alltägliche und universelle Erfahrung jenseits moralischer Standards; Korruption und Intrige dienen dem politischen Machterhalt.

9. Täuschung als militärische Taktik: Die gezielte Täuschung eines militärischen Gegners war schon immer substantieller Teil militärischer Taktik und Kernelement einer psychologischen Kriegsführung.

10. Stabile Mehrfachtäuschung: Die stabile Mehrfachtäuschung ist sowohl eine Selbst- als auch eine Fremdtäuschung, bei der die Offenlegung der Täuschung nicht mehr wahrgenommen werden kann, sie also stabil bleibt, weil sie in Fleisch und Blut übergegangen ist.

Im Folgenden werde ich diese Variationen einzeln anhand von Beispielen vorstellen und diskutieren. Die Funktion der Täuschung als seelisches Regulativ mit der Folge der Selbsttäuschung habe ich oben bereits ausgeführt, daher komme ich zur Funktion der Täuschung als Selbststabilisierung.

SELBSTSTABILISIERUNGEN

Selbsttäuschungen wirken meist positiv, weil sie etwas Negatives verdecken sollen. Auf diese Weise halten sich selbst geizige Menschen noch für selbstlos, egoistische für altruistisch, fettleibige für durchtrainiert, Misanthropen für Menschenfreunde, schamlose für witzig, Plappermäuler für zurückhaltend oder Angeber für cool. Das ist die bereinigende Funktion der Selbsttäuschungen, die uns davor bewahrt, unsere schwierigen, unangepassten oder sozial unverträglichen Seiten überhaupt zu bemerken. Und zugleich setzen wir damit solange anderen zu, bis sie uns eine Rückmeldung geben, die wir dann entweder anerkennen und für eigene Lernprozesse nutzen, oder die wir als Anmache, Mobbing oder Blödsinn abwehren, ohne daraus zu lernen. Gerade in Paarbeziehungen besteht die Möglichkeit, sich jenseits der eigenen unbewussten Abwehrprozesse Rückmeldungen zu geben, die wahrhaft entwicklungsfördernd sein können. Manchmal können wir negative Rückmeldungen nur auf ihren Wahrheitsgehalt prüfen und vielleicht sogar innerlich akzeptieren, wenn sie von Menschen kommen, die wir lieben und die uns lieben, wie Partner, Kinder, Eltern oder Freunde. Alle anderen, so glauben wir, wollen uns meist nur Böses, wenn sie uns auf unsere vermeintlichen Fehler und Widersprüche hinweisen.

Es gibt aber auch Selbsttäuschungen, die wichtig für unser Seelenleben sind und die wir vorsichtig behandeln sollten, weil sie sonst ein fragiles Persönlichkeitsgebäude einreißen könnten. Im Normalfall ist die Pubertät ein solches Durchgangsstadium, in dem sich Jungen und Mädchen auf dem Weg zum Erwachsenwerden in sich selbst und anderen tiefgreifend täuschen können, bis sie irgendwann merken, dass nicht nur die Eltern komisch geworden sind. Und wir wissen von anorektischen Mädchen und Frauen, dass sie häufig ein falsches Denken (faulty thinking) haben, dass in der Ausprägung Teil des Krankheitsgeschehens ist. Dann halten sie sich für noch zu dick oder gar fett, kneifen dabei zum Beweis die Haut am Arm zusammen, und wollen weiterhin hungern.

Bei nahezu allen psychischen Störungen verändert die Erkrankung auch das Denken der Betroffenen und nicht selten auch ihrer engsten Familienangehörigen. Entweder das Denken ist selbst betroffen von der Krankheit, z. B. als formale Denkstörung bei schizophrenen Psychosen, oder das Denken hat sich der Krankheit angepasst, nicht selten sogar um diese zu stabilisieren. Dann deuten missbrauchende Väter ihren sexuellen Missbrauch als Liebe um, die vom Kind gewollt werde; Ehemänner erklären ihre eheliche Gewalt ebenfalls als Ausdruck von partnerschaftlicher Liebe und als Versuch der Stärkung der Bindung; Väter ihre Gewalt gegen Kinder als ultimative Erziehungsmaßnahme; Menschen mit schweren Persönlichkeitsstörungen die Widerstände aller anderen als Rechthaberei oder Menschen mit paranoiden Psychosen andere als blind für Verfolgung und Bedrohung. Die gesamte Psychopathologie ist voller Beispiele dieser Art eines falschen, krankheitsbedingten Denkens (siehe Hantel-Quitmann, 2015). Solches Denken dient nicht nur der Bereinigung des normalen Seelenlebens, sondern tiefergehender der Stabilisierung einer bedrohten oder kranken Persönlichkeit. Wahrscheinlich gibt es kaum einen Teilbereich der Psychopathologie, der das eigene Denken so stark beeinflusst wie Suchterkrankungen. Zum suchtspezifischen Denken gehören die Bagatellisierung des eigenen Suchtverhaltens, die Harmonisierung der Beziehungen, die Tabuisierung der Sucht, ein suchtspezifisches taktisches Verhalten zur Wahrheit, die Einbindung aller Lebensbereiche in eine chronische Suchterkrankung, das Wegsehen durch co-abhängige Personen u. v. a. m. Dies alles ist Teil und Folge eines schleichenden Prozesses, bei dem die Suchterkrankung immer bedeutsamer für die Regulierung des Seelenlebens des Suchtkranken und der familiären Beziehungen wird, aber gleichzeitig nicht thematisiert werden darf, weil selbst das Denken über die Sucht tabuisiert ist.

Je früher dieses Denken im Leben eines Menschen einsetzt und je stärker das damit verbundene emotionale Thema, desto weitreichender können die Folgen sein. So berichtet eine erwachsene Frau, sie sei als Kind von ihrer leiblichen Mutter zur Adoption freigegeben worden. Der Vater war unbekannt, offensichtlich stammte sie aus einer Liebesaffäre ihrer verheirateten Mutter mit einem unbekannten Liebhaber. Der Ehemann der Mutter hatte damals den Fortbestand der Ehe mit zwei Kindern davon abhängig gemacht, dass sie das Kind – das lebendige Zeichen ihrer Untreue – zur Adoption freigebe. So kam das kleine Mädchen direkt nach der Geburt zu Adoptiveltern, die sich sehnlichst ein Kind wünschten. Aber sie wurde ein Leben lang den Makel des ungeliebten Kindes nicht mehr los, ihre Annahme der eigenen Wertlosigkeit holte sie krisenhaft immer wieder ein. Immer und in allen Beziehungen kämpfte sie bis zur vollkommenen Selbstaufgabe um Anerkennung und Liebe. Dabei verbog sie sich bis zur Schmerzgrenze in der Anpassung und Unterwürfigkeit. Und wenn sie Liebe bekam, weil sie eben eine liebenswerte Person war, dann konnte sie diese Liebe nicht annehmen, weil sie tief in sich der Überzeugung war, ein nicht liebenswertes Wesen zu sein. Erst als sie selbst Mutter wurde, konnte sie die Liebe des Kindes annehmen: Sie konnte Liebe geben und empfangen, ohne Vorbedingungen. Gleichzeitig aber verstärkte sich ihr inneres Drama durch das eigene Kind, weil sie mit der Entwicklung des Kindes die eigene Kindheit noch einmal emotional durchlebte. Und diese innere Reinszenierung kostete sie so viel Energie (Verdrängungsenergie), dass sie ihre Aufgabe als Mutter ungeheuer anstrengend erlebte, körperlich und emotional.

Letztlich war es eine wiederholte Bestätigung, dass sie nichts könne, nichts wert sei und keine Liebe verdient habe. So entfaltete sich ein mehrfaches inneres Drama in ihr und in ihren Beziehungen – zu ihrem Kind, ihrem Mann, ihren Adoptiveltern –, aus dem sie kaum noch einen Ausweg wusste und schließlich auf die für sie logische Idee kam, alles werde besser, wenn sie nicht mehr da sei. Es war nicht nur dramatisch in der Entwicklung, sondern auch ein Wettlauf mit der Zeit, weil sich die Gefühle der eigenen Wertlosigkeit bis zur suizidalen Krise steigerten. In unseren Gesprächen benutzte sie die Metapher der Existenzerlaubnis, nach der sie ein Leben lang suche. Sie hat rational verstanden, dass sie diese Existenzerlaubnis niemals von anderen bekommen könne, obwohl sie sich so sehr danach sehnte, letztlich auch von ihren leiblichen Eltern, sondern dass sie sich diese Existenzerlaubnis nur selbst geben könne. Sie musste den Gedanken zulassen, dass sie ein liebenswerter Mensch sei, der auf dieser Welt willkommen ist, frei nach dem Geburtstagslied: *Wie schön, dass du geboren bist, wir hätten sich sonst sehr vermisst!*

War das Denken dieser jungen Frau eine Selbsttäuschung? Oder ist sie getäuscht worden? Was war Täuschung und was Wirklichkeit? Ihre leibliche Mutter hatte vielleicht mit dem Kind die Hoffnung verknüpft, ihren Liebhaber an sich zu binden und damit ihre unbefriedigende Ehe verlassen zu können. Als aber der Liebhaber von der Schwangerschaft und den damit verbundenen ernsten Absichten seiner Geliebten erfuhr, hat er vielleicht kalte Füße bekommen und sich aus dem Staub gemacht. Keiner kennt die näheren Umstände, der leibliche Vater ist der jungen Frau auch gar nicht bekannt und sie ist sehr ambivalent in der Frage, ob sie ihn suchen soll, ob sie ihn kennenlernen will, und ob sie sich freuen könnte, ihn kennenzulernen, oder ob seine Ablehnung ihrer Existenz der eigentliche Grund ihrer Misere ist. Und warum hat sie das Gefühl des existenziell Nicht-er-wünscht-Seins in all den Jahren ihrer Entwicklung bei den Adoptiveltern nicht ablegen können? Hat sie nicht tonnen-weise Liebe von der Adoptivfamilie erhalten? Warum konnte sich die Wunde der Existenzerlaubnis nicht schließen? Mit welchen ersatzweisen Selbsttäuschungen hat sie versucht, diesen narzisstischen Mangel zu kompensieren? Warum ist es ihr nicht gelungen, sich selbst in diesem Leben zu begrü-ßen und warum hat sie immer wieder Beziehungen gefun-den, in denen sie ihre Existenzfrage neu stellen konnte und sich immer wieder abgelehnt fühlte?

Alle diese Fragen und noch viele mehr muss sie für sich klären und ich habe das unbedingte Gefühl, dass ihr eigenes Kind ihr sehr dabei helfen kann und der Vater dieses Kindes alle Projektionen aushalten muss, die er als Vater einer Toch-ter abbekommen wird. Es sind für unbeschwerte Menschen einfache Fragen, aber für einen Menschen mit solch einem Schicksal erscheinen sie immer wieder unüberwindbar. Manchmal dachte ich in den Gesprächen mit ihr an die Mär-chen, in denen sie irgendwann als Königstochter erkannt und heimgeholt wird. Aber das würde ihr auch nicht helfen, sie würde es nicht glauben. Selbst Königstöchter, also Prin-zessinnen, sind manchmal unerwünscht und ungeliebt. Sie hat sich lange mit Selbsttäuschungen stabilisieren können, bis sie ein Kind bekam und damit gefühlt in die gleiche Si-tuation geriet, in der damals ihre Mutter war. Dann hatte sie sich selbst auf dem Arm und an der Brust und geriet in Panik. Als die Selbsttäuschung nicht mehr funktionierte, verlor sie ihre psychische Stabilität.

BILDERBUCHFAMILIEN KÖNNEN TÄUSCHEN

Als die Familie zum ersten Mal in die Beratung kommt, ist mein erster Eindruck der einer Bilderbuchfamilie. Die Eltern in den Vierzigern, jugendlich, Chucks, ein 14-jähriger ostentativ gelangweilter Sohn und eine aufgeweckte 12-jährige Tochter. Dieser erste Eindruck hielt sich nicht lange, noch in der gleichen Sitzung überzeugten mich alle vom Gegenteil.

Anlass für die Familienberatung war der Sohn, der zum wiederholtem Male bei einem Täuschungsversuch in der Schule erwischt worden war und nun mit ernsthaften Konsequenzen rechnen musste. Seine Täuschungsversuche waren allerdings nur die Spitze des Eisbergs seines auffälligen Verhaltens in der Schule, dazu gehörten wiederholte Pöbeleien und Schlägereien auf dem Schulgelände, sexuelle Grenzverletzungen gegenüber Mädchen und kleine Drogengeschichten wie Pillen jeglicher Art. Für manche das normale Programm einer mitteleuropäischen Pubertät, für die Eltern der Horror. Die Klassenlehrerin konnte mit ihm überhaupt nicht mehr reden, sie hatte sich lange Zeit sehr für ihn engagiert und war immer wieder enttäuscht und belogen worden. Er hatte sich mit einigen anderen auffälligen Jugendlichen zusammengetan und damit vom Rest des Lebens weitgehend isoliert. Seine Peergroup war sein Lebensmittelpunkt geworden, zu Hause nahm er an keinen gemeinsamen Aktivitäten mehr Teil, aß für sich allein, redete mit keinem mehr, saß nur noch vor dem PC in seinem Zimmer. Der Rest der Familie empfand ihn als unfreundlich bis abweisend und der Vater bekannte, er schäme sich für diesen Sohn.

Die Familie saß auf einem riesigen Berg an Sorgen, der sehr anklagend und aggressiv vorgetragen wurde. Der Junge wurde als das schwarze Schaf der Familie bezeichnet, er habe schon immer Probleme bereitet und so langsam seien die Eltern mit ihrer Geduld und ihren Erziehungsmöglichkeiten am Ende. Man denke offen über eine Internatslösung nach, allerdings gäbe es dann erhebliche finanzielle Probleme. Der Junge saß während der großen Anklage der Eltern scheinbar gelangweilt in seinem Stuhl und sah aus dem Fenster; er versuchte den Eindruck zu erwecken, als gehe ihn das alles nichts an und sie würden über eine andere Person reden. Aber es war zu spüren, dass er immer unruhiger wurde, bis es aus ihm herausbrach.

Ich hör mir die Scheiße jetzt nicht mehr an, ich hab keinen Bock mehr auf euer Gelaber, das kotzt mich an … Ich versuchte ihn zu beruhigen, wollte mit ihm erst einmal über die Schule, seine Freizeit, sein Leben, die Musik usw. reden, aber er wollte als Angeklagter nun auch einmal etwas zu seiner Verteidigung sagen. *Ja, ich hab die Klausur verhauen, meinetwegen war es ein Täuschungsversuch, aber wenn es danach geht, macht ihr alle solche Täuschungsversuche jeden Tag …* Die Familie verstummte, eine ängstliche Neugier entstand, und bevor die Mutter dazwischen gehen konnte, setzte er seine Rede fort. *Ihr seid doch alle fake, labert nur rum über Wahrheit, Ehrlichkeit und all den Scheiß, und was macht ihr selbst? Papa hat 'ne Geliebte in der Nachbarschaft, das weiß anscheinend jeder außer Mama. Neulich hab ich euch beiden erwischt, als ihr ein paar Straßen weiter im Auto geknutscht habt. Das ist doch total abgefahren. Mein eigener Vater hängt mit einer anderen Tussi im Auto ab und macht mit ihr rum, keine Täuschung oder was, alles heile Familie? Und Mama geht schwarz arbeiten und predigt mir von Moral. Und mein kleines Schwesterchen, diese Nervensäge, kifft was das Zeug hält und keiner merkt es anscheinend?* Und an mich gewandt: *So, jetzt wissen Sie, was bei uns los ist, alle reden von meinem*

Täuschungsversuch, aber das ganze Leben unserer Familie ist ein einziger Fake.

Die Eltern reagieren schnell und verständigen sich nonverbal darauf, ihre eigenen Täuschungen nicht zur Sprache bringen zu wollen, aber das gelingt nicht wirklich. Die Tochter will aufstehen und gehen, *so was höre sie sich nicht mehr an*, beginnt zu weinen und geht zu ihrer Mutter auf den Schoß. Der Vater hat heftige Schamesröte im Gesicht und ringt um Kontrolle, während er sich an seinen Sohn wendet. *Es geht hier nicht um eine Generalabrechnung, Phillip, wir suchen nach einem Weg, wie du mit der Schule klarkommen kannst. – Und warum haut ihr wieder nur auf mich ein? Dieses Rumreiten auf meinem Täuschungsversuch ist doch voll daneben, guckt euch doch selber mal an. Ihr trickst doch auch rum, was das Zeug hält. – Das ist doch jetzt nicht Thema, es geht um dich … – Nein, das ist auch Thema, ich will nicht immer der Blöde sein und ihr haltet euch fein raus.* – Er wehrt sich gut, denke ich und frage den Vater, ob wir auch über den Rest der Familie sprechen können, es sei mein Eindruck, dass Phillip durchaus ein Kind dieser Familie sei. Darauf meldet sich die Tochter vom Schoß der Mutter und gesteht unter Tränen, dass sie ein paar Mal gekifft habe, als die Eltern nicht zu Hause gewesen seien, aber dass sie nur probieren wollte. *Und außerdem glaube ich, dass Phillip recht hat, er macht zwar viel Mist in der Schule und so, aber wir sind alle keine Engel …* Dann weint sie wieder.

Die Mutter redet über ihre Schwarzarbeit und ich bemerke scherzhaft, dass dies keine Straftat sei und ich dies nicht melden müsste. Sie erklärt, dass es keinen Sinn machen würde zu arbeiten, wenn sie das versteuern müsse, dann würde sie nur für die Steuer arbeiten und so könne sie ein wenig dazu verdienen. Das machen doch alle so, wen täusche sie denn damit. Der Vater sagt zu seiner Knutscherei mit einer Nachbarin im Auto, das wolle er hier nicht besprechen, das sei ein Thema mit seiner Frau, außerdem habe er schon mit ihr darüber gesprochen. Und das Kiffen hätte er schon gemerkt, sei aber nicht so wild, seine Kleine sei ganz toll.

Im Verlaufe der Stunde werden noch weitere Täuschungen angesprochen und am Ende haben alle das erstaunlich gute Gefühl, dass sie sich nun wenigstens nicht mehr gegenseitig täuschen wollen. Sie wollen zukünftig offener miteinander umgehen und über ihre Probleme reden. Der Vater war engagiert bei der Arbeit und hatte sich schon seit Jahren aus der Familie mehr oder weniger enttäuscht zurückgezogen und das Feld seiner Frau überlassen. Diese hatte irgendwann gestreikt, wollte auch nicht mehr alleinerziehend sein, wie sie sagte, und ging lieber arbeiten, der Sohn nutzte die Gelegenheit, um mit seiner Peergroup abzuhängen und die Tochter war mit ihren Mädels unterwegs und probierte verbotene Dinge aus. Die Bindungen in der Familie waren verloren gegangen, es gab kaum noch eine lebendige Paarbeziehung, Vater und Sohn hatten sich voneinander entfernt und nur Mutter und Tochter redeten noch miteinander. Wer täuschte hier wen? Wer täuschte sich selbst? Als der Vater offen gestand, sich wahrscheinlich selbst am meisten zu täuschen, weil er nur so weitermachen konnte, war dies ein besonderer Moment der Selbsterkenntnis. Die Familie nutzte auf eine sehr eindringliche Art die Probleme des Sohnes, um über ihre eigenen Beziehungen nachzudenken. Als sie alle mit einer Reihe guter Vorsätze zur familiären Harmonie zurückkehren wollten, habe ich kritisch angefragt, ob sie sich auf diese Weise nicht wieder täuschen würden, sozusagen als gemeinsamer familiärer Täuschungsversuch? Bilderbuchfamilien können eben auch täuschen.

EXISTENZIELLE BEDROHUNG

Manche Menschen leben ein Leben lang mit der Selbsttäuschung, wissen zugleich, dass sie damit auch andere täuschen, wollen oder können nichts dagegen tun und leiden daher Qualen aus Angst, die Täuschungen könnten irgendwann entdeckt werden und eine fatale Kettenreaktion auslösen. Besonders schlimm wird es, wenn man die zukünftige Entwicklung in die Hände des Schicksals geben muss, weil man es schlicht nicht beeinflussen kann, trotz – oder gerade wegen – aller Täuschungen.

Es gibt anscheinend Lebensschicksale rund um die Geburt, bei denen Täuschung und Selbsttäuschung die einzigen Handlungsmöglichkeiten sind, weil der Umgang mit der Wahrheit zu kompliziert oder aussichtslos erscheint. Coleman Silk, die Hauptfigur in dem Roman *Der menschliche Makel* von Philip Roth (2002), hat eine sehr helle Haut und geht als Weißer durch, obwohl seine gesamte Familie eine schwarze Hautfarbe hat. Als er zur Armee eingezogen wird, kreuzt er bei der Frage nach seiner Hautfarbe Weiß an. Das war sein ganz persönlicher Sündenfall, der Verrat an seinen Vorfahren und seiner gesamten Familie, die große Täuschung. Zugleich erlebt er diese initiale Täuschung als Ausdruck seines Wunsches nach Freiheit. Er sucht die Freiheit als Schwarzer und findet sie in der Maske des Weißen. Mit der Zeit verinnerlicht er diese Selbstdefinition, sodass er auch in seinem Selbsterleben ein Weißer wurde. Und damit wurde die Täuschung mehr und mehr zur Selbsttäuschung.

Dann lernt er seine Frau Iris kennen, bekommt vier Kinder mit ihr, und bei jeder Geburt stirbt er beinahe vor Aufregung, dass das nächste Kind schwarz sein könnte. Er hat Glück, alle werden weiß, aber natürlich werden die Kinder wieder Kinder bekommen, es ist also ein Wettlauf mit der Zeit. Und dann trifft er, der weiße Collegeprofessor für Literatur, eine Reinigungsfrau in seinem College, die mehr als ein Geheimnis mit sich herumträgt. Die ungleiche Liebesbeziehung wird zur amour fou, bei der der traumatisierte Noch-Ehemann der Frau zu einem wahrhaftigen Risikofaktor wird. Die Attraktion der beiden liegt jenseits von Geist und Körper, Professor und Putzfrau, alt und erfahren und jung und schön. Sie ergibt sich aus dem unbedingten Wunsch beider, mit Täuschung und Selbsttäuschung endlich aufhören und wahrhaftig sein zu können. Jeder will so geliebt werden, wie er ist, und hat gleichzeitig Angst davor, erkannt zu werden. Das ist existenziell und bedeutsam, kein oberflächlicher Kram. Sie lüften ihre Masken und sehen sich, wie sie wirklich sind, der Traum aller Liebenden.

Und zusammen sind die beiden ein Paar von Lücken. Es ist eine Lücke in Faunia, und irgendwo ist auch in Coleman eine Lücke ... Er hatte ihr seine ganze Geschichte erzählt. Nur Faunia wusste, wie Coleman Silk der geworden war, der er war (240). Und sie erzählte ihm ihr Geheimnis, ihr ganzes Geheimnis. Ihr Stiefvater hat sie schon als kleines Mädchen sexuell missbraucht, sie sagt, *dass ich schon als Mädchen eine kleine Hure war. – Warst du das? – Er hat sich immer eingeredet, dass es nicht seine, sondern meine Schuld war. – Der Stiefvater. – Ja. Das hat er sich eingeredet. Und vielleicht hatte er ja Recht. Aber mit Acht oder Neun oder Zehn hatte ich keine andere Wahl. Es war die Brutalität, die so falsch war ...* (258–259). Und sie fragt, ob es nicht diese unglaubliche Wut ist, die beide zusammengeführt hat. *Warum solltest du sonst mit mir zusammensein, wenn nicht, weil du so verdammt wütend bist? Und warum sonst sollte ich mit dir zusammen sein, wenn nicht, weil ich so verdammt wütend bin? Darum ficken wir so gut, Coleman. Wegen der Wut, die alles ausgleicht. Also verlier sie nicht* (263). Die Wut, die sie meint, ist die Wut auf die Verstellung und Täuschung, in der beide bislang leben mussten. Täuschung und Selbsttäuschung, Wut und Hass auf das Leben hinter der Maske und der tiefe Wunsch, dies alles hinter sich lassen zu können – dies ist der wahre Kern ihrer Liebesbeziehung.

HÖHERE ZIELE

Manchmal ist die Täuschung erheblich einfacher und darum wirksamer. Dann kann die Normalität die Verkleidung sein und das Vortäuschen der Normalität ist die eigentliche Täuschung. Dann wird der Moment der Demaskierung zu einer schrecklichen Erfahrung. Früher nannte man sie Untergrundkämpfer, im modernen Jargon des Terrorismus werden solche Menschen Schläfer genannt. Sie verstecken sich in der Normalität und bleiben dort möglichst so lange unerkannt, bis sie wach oder geweckt werden und im Schutze der Normalität ihr fürchterliches Werk ausführen können. Aber es ist keineswegs einfach, täglich die wichtigsten Menschen in Sicherheit zu wiegen und sich selbst in tiefgründigen oder intimen Gesprächen zu kontrollieren, um den Schein des unbekümmerten Daseins zu wahren. Psychologisch muss man mit Spaltungen leben und dabei die vermeintlich wichtige Seite des eigenen Daseins verdeckt halten können. Eine solche Geschichte beschreibt der algerisch-französische

Schriftsteller Yasmina Khadra in seinem Buch *Die Attentäterin* (2005).

Dr. Amin Jaafari arbeitet als Chirurg in einem Krankenhaus in Tel Aviv in der Spätschicht, als eine große Zahl von Opfern eines Selbstmordattentates eingeliefert werden. Unter den Opfern sind viele Kinder, die in einem Fastfood-Restaurant einen Geburtstag gefeiert haben. Er arbeitet bis zur Erschöpfung im OP und gleichzeitig wird die Zahl der Opfer immer weiter nach oben korrigiert. Danach fährt er nach Hause, seine Frau ist nicht da, sie ist für ein paar Tage zu ihrer Tante gefahren, hat sich aber noch nicht gemeldet, was ungewöhnlich ist. Er kommt innerlich nicht zur Ruhe und nimmt einige Schlaftabletten. Mitten in der Nacht wird er durch das Telefon aus dem Schlaf gerissen und wieder ins Krankenhaus bestellt. Alles sträubt sich in ihm. Er will und kann nicht mehr operieren, es ist nachts um drei. Aber er müsse sofort kommen und nein, es gehe nicht um weitere Operationen. Als er ankommt, wird er brutal mit der Realität konfrontiert: *Wir haben eine Leiche am Hals und müssen ihr einen Namen geben ... Ich glaube, es handelt sich um deine Frau, Amin ... aber wir brauchen dich, um ganz sicher zu sein* (32). Und es kommt noch schlimmer, seine geliebte Frau Sihem war nach ersten Erkenntnissen nicht ein Opfer des Selbstmordattentats, sondern die Täterin. *Nach den ersten Untersuchungsergebnissen weist die Art der Verstümmelung Ihrer Frau die typischen Verletzungen fundamentalistischer Selbstmordattentäter auf* (37). Er wehrt sich mit Händen und Füßen gegen diesen Verdacht, der schon bald keiner mehr ist.

Er ist kurz davor, wahnsinnig zu werden, übermüdet, geschockt und in einem Gefühlschaos. Er irrt ziellos durch die Stadt. Dann findet er zu Hause ihren Brief. *Der Brief ist kurz, ohne Datum, ohne Kopf. Wenige Zeilen, hastig hingeworfen auf ein aus einem Schulheft gerissenen Blatt* [sic]. *Ich lese: Was nützt das Glück, wenn man es nicht teilen kann, Amin, mein Geliebter? Meine Freude erstarb immer dann, wenn Deine nicht mithielt. Du wolltest Kinder. Ich wollte ihrer würdig sein. Kein Kind ist je wirklich in Sicherheit, wenn es kein Vaterland hat … Sei mir nicht böse. Sihem* (75). Für ihn bricht eine Welt zusammen, er verschweigt den Brief, weil er Nachfragen fürchtet, die er nicht beantworten kann. Im Krankenhaus kursiert eine Petition gegen seine Rückkehr, er ist als Mann der Selbstmordattentäterin eine Persona non grata.

Als er wieder allein zu Hause ist, fällt ihm der letzte Abend mit Sihem ein und er erinnert sich, wie er von ihr Zeichen und Warnungen bekommen hat, die er damals nicht verstanden hat. Sie hatte ihm alle seine Lieblingsgerichte auf einmal gekocht, ein gemeinsames Essen bei Kerzenschein, obwohl sie selbst kaum aß und nur im Essen stocherte. Sie wirkte bedrückt und sprach davon, dass sie ihn nicht gern allein lassen würde und er hatte sie getröstet, es seien doch nur drei Tage, und sie hatte geantwortet, dass es für sie eine Ewigkeit sei. Aus heutiger Sicht konnte er ihre Worte, ihre Traurigkeit, viel besser und gänzlich anders verstehen. Sie hatte sich an dem Abend für immer von ihm verabschiedet, sie wusste es, aber er war ahnungslos. Nun, seit er das Ende kannte, wurde ihm die Täuschung bewusst.

Hätte er vorher die Täuschung erkennen können, obwohl sie sie verheimlichen wollte? Wäre es denkbar, dass man einem Partner einen geplanten Massenmord gesteht? Nur bei eigenen Zweifeln. Wenn eine politische oder religiöse Mission damit verbunden ist, die höher bewertet wird als die Paarbeziehung, die Liebe und letztlich das Leben, erscheint jede Intimität machtlos. Gemeinsame Kinder hätten die Tat vielleicht verhindern können. Er hätte Verdacht äußern können, wenn er einen gehabt hätte, und vielleicht hätte er sie mit seinen bohrenden Fragen auch verunsichern können. Aber woher sollte er den Verdacht nehmen? Nicht nur sie selbst, auch er wollte sie gern als eine wunderbare Frau sehen. Romantisierung einer Beziehung bedeutet, ihr den Glanz der Liebe zu verleihen und damit zugleich den realistischen Blick auf Gefahren, Nachteile oder unangenehme Seiten zu trüben. In der Liebe täuschen wir uns alle, über den anderen, uns selbst und die gemeinsame Beziehung.

Zu dem Zeitpunkt nah vor dem Attentat hatte er wahrscheinlich keine Chance mehr, aber früher in der Beziehung, noch vor oder im ersten Stadium ihrer Radikalisierung, hätte er zu ihr durchdringen können, die Täuschung im Entstehen verhindern können. Vielleicht, als sie über Kinder sprachen, ihren gemeinsamen Kinderwunsch. Aber als dieser unerfüllt blieb, sie keine Kinder bekam und sie in seinen Augen sah, dass er gern welche bekommen hätte, da begann ihr Gefühl des Versagens und der Wertlosigkeit und diese Gefühle waren der Nährboden für den radikalen Islamismus, der sich als höhere Ordnung, als bessere Sinnerfüllung anbot. Sie hat keine Kinder bekommen und im Töten der Kinder einen perversen Sinn erfahren.

KALKULIERTE RACHE

Kann man aus absolut verstandener Liebe hassen? Ja – und das nicht nur kurzzeitig. Kann man aus absolut verstandener Liebe töten? – Ja, und dies nicht nur aus dem Affekt. Man kann Hass und Mordgelüste für eine Zeit konservieren, sie in einen perfiden Plan umwandeln und daran arbeiten, Hass und Mordlust in einer einzigen Handlung zu entfesseln. Ein solches Unterfangen nennt man dann Rache. Rache ist eine gezielte und geplante Aggression, in gewisser Weise das Gegenteil einer Affekthandlung; sie braucht Zeit, um nach dem richtigen Plan im passenden Moment ausgeführt zu werden. Diese Zeitverzögerung bei der Aggressionsentladung ist bedeutsam, weil sie manchmal die Aggressionen abklingen lässt und Gelegenheit gibt, das eigene Mitverschulden oder gar Fehlverhalten einzusehen oder weil andere, weniger aggressive Auswege für Ärger, Wut und Zorn gefunden werden. Diese Zeitspanne vom Ursprung der Aggression bis zu ihrer gezielten Entladung im Racheakt kann nur überbrückt werden, wenn in dieser Zeit die Täuschung aller anderen – insbesondere des Racheopfers – gelingt. Ohne die gelungene Täuschung kann keine Rache vollzogen werden. Wenn für alle sichtbar wäre, wie stark die Wut noch ist und wie gezielt und geplant an der Rache gearbeitet wird, dann wäre die Rache zum Scheitern verurteilt. Täuschung und Rache sind Schwestern im Geiste.

Die wahrlich grausamste Rache der Geschichte mit vielen Täuschungen wurde von dem griechischen Dichter Euripides in seinem Werk *Medea* beschrieben. Jason hat Medea am Schwarzen Meer kennen- und lieben gelernt und ist mit ihr zusammen nach Korinth gegangen, wo sie mit ihren beiden Söhnen leben. Medea hat viele Opfer gebracht, um mit Jason in der Fremde leben zu können. Sie *hat aus Liebe zum schönen Griechen nicht nur den Vater beraubt, indem sie ihrem Geliebten das berühmte Goldene Vlies verschaffte, sie hat auch, um sich und ihn vor der Verfolgung zu schützen, den eigenen Bruder getötet. Sie ist eine Magierin und Zauberin, Hexe großen Stils ...* (von Matt 2006, 145). Jason hätte also gewarnt sein müssen, eine solche Frau nicht zu verärgern oder sich gar zur Feindin zu machen; wer den eigenen Bruder umbringen kann, um die Flucht zu sichern und zudem über Zauberkräfte verfügt, mit dem sollte man keine ernsthaften Dispute eingehen.

Als sich Jason in die schöne Tochter des korinthischen Königs Kreon verliebt, glaubt er, damit auch seine Position stärken zu können und versucht wahrhaftig, Medea die Vorteile seiner Heirat mit der Königstochter aufzuzählen: ... *damit wir schön wohnen und keinen Mangel leiden ... Hab ich etwa schlecht geplant?* (Euripides 1983, 49). Als sie diese offensichtliche Zweckargumentation nicht einsieht und sich weigert, ihn aufzugeben, beschließt er ihre Verbannung aus Korinth einzuleiten. Und damit beginnt der Racheplan der Medea und die Verstellung, die Täuschung und sogar die Heuchelei – alles mit dem einen Ziel der umfassenden Rache.

Die Amme Medeas hat ein gutes Gespür für die aufkommenden Gefahren: *Ich fürchte um sie, daß sie etwas Unerwartetes plant* (13). Medea schwelgt in ihrem Hass: *Ihr verfluchten Kinder der verhaßten Mutter, geht zugrunde mit eurem Vater, und das ganze Haus gehe unter!* (17). Die Amme ist fassungslos und fragt Medea: *Was denn haben die Kinder an des Vaters Verfehlung für einen Anteil? Was hassest du sie?* (17). Hier kündigt sich schon das Drama an. Aber Medea feilt noch an ihrem Racheplan und währenddessen beginnt sie schon, sich zu verstellen. In einem Gespräch mit dem König Kreon tritt sie ruhig und besonnen auf, vermittelt ihm glaubhaft, dass sie sich beruhigt habe und bittet ihn um die Frist eines weiteren Tages, bevor sie in die Verbannung gehe. Der König gewährt ihr diese Frist – und sie nutzt den Tag aus. Sie überlegt noch: *Soll ich das Brautgemach mit Feuer anzünden, oder das scharfe Schwert durch ihre Leber stoßen, still ins Haus hineingehen, wo ihr Lager gebreitet ist? … Am bestens ist's, auf dem geraden Weg, auf dem ich am meisten kundig bin, mit Gift sie zu fassen … Auf denn, spare nichts von dem, was du verstehst, Medea, um Pläne und Listen auszuhecken. Geh bis zum Schlimmsten* (37). Weiß sie zu dem Zeitpunkt schon, was sie selbst mit dem Schlimmsten meint? Sie hat den König getäuscht, jetzt kommt die Täuschung ihres Ehemannes. Jason verteidigt sich weiter mit beschönigenden Begründungen: Er habe sie bislang immer geschützt und wenn sie einsichtiger wäre, könnte sie weiterhin ein schönes Leben haben, aber ihre oft wiederholten bösen Worte über die Königsfamilie machen es selbst ihm schwer, noch zu ihr zu stehen, ja, sie könne froh sein, nur mit Verbannung bestraft zu werden. Sie zählt ihm auf, was sie alles getan hat für die gemeinsame Liebe. Und sie beruft sich auf die gemeinsamen Kinder: *Denn wenn du noch kinderlos wärest, könnte man dir verzeihen, dass du diese Frau begehrtest* (45). Und sie versucht, ihn friedlich zu stimmen: *Wohlan, wie an einen Freund will ich mich an dich wenden … (45). Du hättest … mich überzeugen müssen, und dann erst diese Ehe eingehen, aber nicht heimlich vor Freunden* (51). Jason bietet ihr und den Kindern seinen Schutz und sein Geld, will weiter für sie sorgen und bittet sie, diese Hilfe anzunehmen, dann gehen sie auseinander.

Medeas Rachepläne reifen, sie hat die Reihenfolge der Morde beschlossen und plant nun an ihrer Flucht nach ihren fürchterlichen Taten, um so dem sicheren Tod zu entrinnen. Aigeus, der König von Athen, erscheint gerade richtig als Retter. Sie verspricht ihm, ihn von dem Fluch der Kinderlosigkeit zu befreien und erbittet sich dafür Asyl in Athen. Er will sie nicht mitnehmen, verspricht ihr aber, sie zu schützen, wenn sie bei ihm Zuflucht suche. Damit hat sie den

Fluchtweg geklärt und nun kann sie dem Chor der korinthischen Frauen ihren fertigen Racheplan mit allen impliziten Täuschungen präsentieren: *Nun aber will ich dir meine Pläne offenbaren. Vernimm freilich Worte, die nicht angenehm sind. Ich will also meinen Diener schicken und Jason bitten, mir vor die Augen zu treten. Ist er da, will ich ihm schmeichelnde Worte sagen, daß auch ich einverstanden bin und daß es so gut ist, die Ehe mit einer Königstochter, für die er mich preisgab, und dass es nützlich sei und wohlbedacht* (65). Sie will ihn bitten, die Kinder hier lassen zu können. Dabei plant sie, die Kinder mit Geschenken zur Königstochter zu schicken. Eine unschuldige Geste kann keinen Zweifel aufkommen lassen, die Kinder bringen Gewänder und Schmuck, aber alles ist vergiftet. Sobald die Königstochter das Gewand und den Schmuck anlegt, wird sie vergiftet und der herbeieilende König ebenso. Und danach will sie die Kinder töten und damit das gesamte Geschlecht Jasons ausmerzen. Der Chor der Frauen ist entsetzt und fragt: *Willst du es denn wagen, deine beiden Kinder zu töten, Frau? – Ja, denn so dürfte der Gatte am meisten getroffen werden* (67).

Und Jason wird herbeigerufen, sie redet salbungsvoll mit ihm, er ahnt nichts Böses, freut sich über ihre einsichtigen und milden Worte. Sie redet von seinen vernünftigen Handlungen, von ihren Torheiten, sie habe schlecht gedacht, sich eines Besseren besonnen, redet von Frieden schließen und Groll beenden. Das ist vollendete Intrige, dick aufgetragene Täuschung, und Jason bemerkt es nicht, weil es die Worte sind, die er hören will. Daraufhin vergibt er ihr, tadelt nicht ihre früheren Worte und lobt sie als besonnenes Weib. Die Täuschung hat gewirkt, weil sie in der Lage war, sich in Jason hineinzuversetzen und ihre Worte so zu formulieren, dass er sie zu seiner eigenen Verteidigung verwenden kann. Er braucht die gelungene Täuschung, um seine Selbsttäuschung verfestigen zu können.

Und was ist das Geheimnis ihrer Fähigkeit zu täuschen? Sich trotz Wut, Zorn und Hass auf den Mann einstellen zu können und ihm damit das zu sagen, was er hören will. Erst dann kann die Rache vollzogen werden. Und es kommt, wie geplant. Die Königstochter und der König sterben an den vergifteten Geschenken, dann tötet sie eigenhändig ihre Söhne. Jason rast vor Zorn, als er dies erfährt und stellt sie zur Rede: *Du Scheusal, du am meisten verhasstes Weib den Göttern und mir und dem ganzen Menschengeschlecht! Die du imstande warst, in deine Kinder das Schwert zu bohren, die du geboren hattest, um mich kinderlos zu vernichten. Dies hast du getan und schaust noch die Sonne und die Erde, das gottloseste Werk hast du gewagt. Geh zugrunde!* (103). Sie antwortet, sie habe die Kinder getötet, um ihm wehzutun. Ihre Rache ist vollendet, sie hat alle getötet, die ihm lieb waren und ihn am Leben gelassen, um ihn den Schmerz des Verlustes spüren zu lassen. Die Maske ist gefallen, die Täuschung beendet.

DAS CHAMÄLEON

Dem Chamäleon wird nachgesagt, dass es sich täuschend seiner Umwelt anpassen kann, um nicht erkannt zu werden. Es wechselt die Körperfarbe je nach Umgebung und taucht damit in sie ein. Was die meisten allerdings nicht wissen, ist die Tatsache, dass ein Chamäleon die Körperfarbe nicht nur nach der Grundfarbe der Umgebung wechseln kann, sondern auch nach Temperatur und Lichtverhältnissen. Sogar die eigenen Gefühle wie Angst, Ärger, Hunger oder Wohlbefinden sollen zu einer Veränderung der Körperfarbe führen können. Diese Anpassungsstrategien der Chamäleons (griech. für Erdlöwen) haben dazu geführt, dass sie sogar ihre überaus großen Geschwister überlebt haben, die Dinosaurier, die immerhin 130 Millionen Jahre die Erde bevölkerten. Vielleicht hat es auch damit zu tun, dass sie ihre Augen unabhängig voneinander bewegen können und damit immer alles im Blick haben?

Auch manche Menschen sollen die Fähigkeit besitzen, sich so stark anpassen zu können, dass sie so wirken, als lebten sie schon immer an dem Ort und in der Gemeinschaft. Eine besondere, extreme Form der täuschenden Anpassung besteht darin, in die Identität eines anderen Menschen schlüpfen zu können, seine Gewohnheiten anzunehmen, seine Art zu sprechen oder zu lachen täuschend echt zu imitieren, ja sogar seine Handschrift kopieren zu können. Über all diese Fähigkeiten verfügt *Der talentierte Mr. Ripley* (2002), wie ihn Patricia Highsmith in ihrem gleichnamigen Buch beschreibt. Und er nutzt diese Fähigkeiten, um sich in einem neuen Leben einzurichten, denn sein altes ist irgendwie schiefgelaufen.

Tom Ripley ist 25 Jahre alt und lebt in New York von gelegentlichen Jobs. Seine wiederholten Betrügereien führen dazu, dass er sich dauernd verfolgt fühlt und mit seiner Verhaftung rechnet. Auch als der steinreiche Werftbesitzer Herbert Greenleaf ihn sucht, glaubt er zunächst, dieser sei von der Polizei. Mr. Greenleaf macht sich Sorgen um seinen Sohn Dickie, der in Europa verschwunden ist und sich in einem süditalienischen Ort niedergelassen hat, um seinem Leben als Künstler und Bohemien nachzugehen. Mr. Greenleaf will seinen Sohn aber gern zurück in der Familie, um hier die erfolgreiche Werft zu übernehmen und in seine Fußstapfen zu treten. *Er lebt seit zwei Jahren in Europa ... Ich möchte,*

dass er zurückkommt. Er hat Verpflichtungen zu Hause –
aber auf seine Mutter und mich will er nicht hören (12).
Freunde haben Mr. Greenleaf erzählt, dass Tom den abtrünnigen Sohn beeinflussen könne und daher bittet er ihn, nach Europa zu fliegen und Dickie zurückzuholen. Natürlich übernehme er alle Kosten. Tom erkennt die Möglichkeit, seinem bescheidenen und riskanten Dasein zu entfliehen und willigt schließlich großmütig ein.

Dickie lebt mit seiner Freundin Marge in einem süditalienischen Städtchen und genießt das Leben. Tom nistet sich so schnell in deren Beziehung ein, dass Marge schon die Vorstellung hat, Tom sei schwul und wolle sich an Dickie heranmachen. Tom mag Dickie, vor allem aber seinen Lebensstil und beginnt heimlich und spielerisch, seine Kleidung zu tragen und ihn in Stimme, Gestik und Mimik nachzuahmen. So langsam entsteht bei ihm die Idee, Dickie zu töten, um seine Identität und sein Leben zu übernehmen. *Er konnte … plötzlich hatte er eine brillante Idee: er konnte Dickie Greenleaf werden. Er konnte alles tun, was Dickie tat. Er konnte nach Mongibello fahren und Dickies Sachen abholen, Marge irgendeinen Unsinn erzählen, in Rom oder Paris eine Wohnung mieten, Dickies monatlichen Scheck entgegennehmen und Dickies Unterschrift darauf fälschen. Er konnte ohne weiteres Dickies Rolle spielen* (142). Hatte er bis dahin alles als eine günstige, aber dennoch zufällige Fügung des Schicksals verstanden, so versucht er nun, den weiteren Verlauf selbst in die Hand zu nehmen, aus der spielerischen Verstellung wird ein ernsthafter Plan. Bei einer gemeinsamen Bootsfahrt auf dem Meer erschlägt er ihn. *Er nahm das Ruder in die Hand, so beiläufig, als hielte er es spielerisch zwischen den Knien, und als Dickie die Hose auszog, hob Tom das Ruder und schlug es Dickie auf den Kopf* (146). Danach nimmt er sämtliche persönlichen Utensilien von Dickie an sich, auch die Ringe, und wirft den Toten über Bord.

Nun beginnt sein Leben als Dickie Greenleaf, Tom Ripley ist verschwunden, zurück in die USA, keiner weiß wohin. Er kennt Dickies Leben, seine Gewohnheiten, schreibt Briefe an seine Eltern, treibt ein Versteckspiel mit Marge, der er in Dickies Namen schreibt, die Beziehung sei beendet und er brauche Zeit für sich allein. Nur Dickies alter Freund Freddie Miles stellt misstrauisch unangenehme Fragen, sodass er auch ihn umbringen muss, eher spontan, mit einem schweren Aschenbecher in seinem Hotelzimmer. *Mit aller Kraft rammte er Freddie die Kante des Aschenbechers in den Nacken. Wieder und wieder schlug er zu, voll entsetzlicher Wut ... Er schaute auf Freddie und sagte laut und bitter: »Freddie Miles, du bist deinen eigenen unanständigen Gedanken zum Opfer gefallen«* (199, 204). Es beginnt ein Versteckspiel mit wechselnder Besetzung. Tom wird zu Dickie, bis dieser als Mörder von Freddie Miles verdächtigt wird. Daraufhin lässt Tom die Identität von Dickie fallen, sodass die Polizei von Selbstmord ausgeht. Tom wird von der italienischen Polizei nicht verdächtigt.

Ursprünglich sollte der Roman *A Month of Sundays* heißen, um das Leben eines Müßiggängers zu beschreiben, der für sein Ziel über Leichen geht, aber *Der talentierte Mr. Ripley* war besser, weil sich damit viele grenzwertige Fragen aufwarfen: *Warum sollte ein talentierter Mensch nicht tun, was seine Talente ihm ermöglichen? Wenn er jemanden ermorden kann, wer oder was sollte ihn hindern? Wenn er den Ermordeten dann auch noch täuschend echt zu verkörpern weiß, um die Umstände von dessen Verschwinden zu verschleiern und allen Verfolgern Sand in die Augen zu streuen, wer sollte ihm je auf die Schliche kommen?* (Nachwort von Paul Ingendaay, 408).

VORGETÄUSCHTE EHRLICHKEIT

In der öffentlichen Meinung der meisten Mitteleuropäer am Anfang des dritten Jahrtausends sind Politiker – noch vor Gebrauchtwagenhändlern – die am wenigsten glaubwürdigen Menschen. Man unterstellt ihnen nicht nur zeitweilige opportunistische Täuschungen, sondern eine täuschende Grundhaltung, die bis zum offenen Widerspruch und Zynismus gehe. Politiker, die lügen, betrügen, täuschen und sich an korrupten Machenschaften beteiligen, lösen keine Empörung mehr aus, nicht einmal mehr Verwunderung. Durch jeden neuen Skandal fühlt man sich nur noch in der bisherigen Meinung bestätigt, dass ein Dasein als Politiker eine grundsätzlich unmoralische Angelegenheit sei.

Es ist das Verdienst eines italienischen Philosophen, Politikers, Diplomaten und Dichters des 15. Jahrhunderts namens Niccolò Machiavelli, uns eindringlich auf den Irrtum hingewiesen zu haben, dass politische Macht und Moral zwei verschiedene Dinge sind. Nur wer eine moralische Verpflichtung zur Ehrlichkeit sehe, könne sich über die Täuschungen, Intrigen und korrupten Machenschaften von Politikern wundern. Aufgabe der Politik sei es aber nicht, das eigene Handeln an moralischen Standards auszurichten und wirklich zu meinen, was man sagt, sondern politische Macht zu erringen und diese zu behalten und abzusichern – wenn nötig jenseits von Moral. Ein erfolgreicher Herrscher oder Politiker sei einer, der nicht nur an die Macht gelange, sondern an der Macht bleibe – zur Not unabhängig von moralischen Standards. *Ein Herrscher braucht also die guten Eigenschaften nicht in Wirklichkeit zu besitzen; doch er muss sich den Anschein geben, als ob er sie besäße. Ja, ich wage zu behaupten, daß sie schädlich sind, wenn man sie besitzt und stets von ihnen Gebrauch macht, und daß sie nützlich sind, wenn man sich nur den Anschein gibt, sie zu besitzen. So muss ein Herrscher milde, treu, menschlich, aufrichtig und fromm scheinen und er soll es gleichzeitig auch sein; aber er muss auch die Seelenstärke besitzen, im Fall der Not alles ins Gegenteil wenden zu können* (Machiavelli 1978, 73). Die Verletzung oder gar Pervertierung der eigenen moralischen Standards als Seelenstärke? Aus psychologischer Sicht entspricht dies einer Spaltung und einer gleichzeitigen Fähigkeit, diese zu ertragen (Ambiguitätstoleranz). Übersetzt bedeutet dies: glaubwürdig lügen zu können, Gefühle vortäuschen zu können, die nicht vorhanden sind, und dabei die eigenen wahren Gefühle zurückhalten zu können, Gedanken äußern zu können, die man nur sagt, weil sie andere hören wollen, die aber nicht der eigenen Meinung entsprechen usw. Es geht um den glaubwürdigen Anschein der Ehrlichkeit, um die vollendete Kunst der Täuschung.

Es muss dem machtbewussten Politiker gelingen, glaubwürdig ehrlich zu erscheinen. Aber er darf es mit der Ehrlichkeit nicht übertreiben, denn diese ist riskant und kann seine Macht gefährden. Das ist Täuschung in Reinkultur. Und nichts anderes sagt Machiavelli: Wer an der politischen Macht bleiben will, muss täuschen können. Und wie kann eine solche Person verhindern, selbst nicht mehr zwischen Wahrheit und Täuschung unterscheiden zu können? Wie kann verhindert werden, dass die Täuschung zu einer Charaktermaske wird, hinter der sich die Person verliert? *Die bahnbrechende Leistung Machiavellis besteht darin, die Regeln der erfolgreichen Herrschaft und die Regeln der Sittlichkeit als zwei verschiedene Systeme erkannt zu haben, die zwar in glücklichen Stunden kompatibel sein können, es aber keines falls von Natur aus und jederzeit sind* (von Matt 2006, 295). Und selbst Max Weber, der auf besondere Weise das Verhältnis von Ethik und Politik beleuchtet hat, indem er die Unterschiede zwischen Verantwortungsethik und Gesinnungsethik herausgearbeitet hat, scheint Machiavelli zu bestätigen: *Wer Politik überhaupt und wer Politik vollends als Beruf betreiben will … läßt sich, ich wiederhole es, mit diabolischen Mächten ein, die in jeder Gewaltsamkeit lauern* (Weber 1992, 78). Für eine solche machtbewusste, gespaltene, erfolgreiche, intrigante Person eines Politikers ließen sich unzählige Beispiele fast aller historischen Epochen finden.

Literarische Vorlage all dieser skrupellosen Herrscher ist das Drama *Richard III.* von William Shakespeare (1994), das 1592 entstand. Richard, Herzog von Gloucester, ist von Geburt an missgebildet und hässlich; daher beschließt er mit offener Selbstironie und großem Zynismus, diese Rolle des bösartigen Krüppels anzunehmen. Wenn es absolut sinnlos erscheint, mit Freundlichkeit, Liebe und Verständnis das Leben zu meistern, dann will er aus seinem Schicksal das Beste – also das Schlechteste machen. Und wenn die Hunde vor seiner hässlichen und krüppelhaften Erscheinung erschrecken und ihn anbellen, dann sieht er darin eher eine Bestätigung seines eingeschlagenen Weges. Um Macht und Bedeutung zu erlangen, muss er seine beiden Brüder beseitigen. Der älteste ist der regierende König Edward IV. und der zweitälteste ist George, Herzog von Clarence. Als Erstes verleumdet er George beim König, sodass er unschuldig im Tower eingesperrt wird. Um sicherzugehen, lässt er ihn auch noch umbringen, schiebt die Schuld dafür aber Königin Elisabeth zu. Er intrigiert und beauftragt auf seinem Weg zur Macht weitere Morde. Zur Rede gestellt streitet er ab, beschuldigt andere oder bekennt sich zu seinen Taten mit den vieldeutigen Worten: *Was soll's*? Sein Bruder Edward stirbt und damit ist der Weg für ihn frei. Widersacher lässt er in den Tower bringen oder gleich enthaupten. Selbst seine Krönung zum König ist Folge einer Intrige mit dem Londoner Bürgermeister und nicht der Wille des Volkes, wie er es darzustellen versucht. Kaum ist er an der Macht treibt ihn der Machterhalt und das grundsätzliche Misstrauen an, seine Intrigen fortzuführen. In ganzen Land formiert sich der Widerstand gegen sein mörderisches Regime, es kommt zu militärischen Konflikten und am Vorabend der Endscheidungsschlacht begegnen Richard im Traum alle, die er in seinem Leben umgebracht hat. Am nächsten Tag wird er in der Schlacht getötet.

MILITÄRISCHE TAKTIK

Die wahrscheinlich berühmteste Täuschung der Weltliteratur handelt von einem Holzpferd. Es ist zugleich die Geburtsstunde der psychologischen Kriegsführung, einer grandiosen Täuschung und der eindringlichen Warnung davor durch die Seherin Kassandra. Wenn der Begriff *Kassandrarufe* heute abfällig als Synonym für Unkenrufe und Pessimismus benutzt wird, dann vergisst man dabei nur allzu leicht, dass sie mit ihren Warnungen Recht hatte. Hätten die Trojaner auf die Warnungen von Kassandra gehört, dann wäre ihnen die größte Niederlage ihrer Geschichte erspart geblieben.

Auch die Griechen hatten ihren Seher, sein Name war Kalchas. Dieser kam auf die Idee, die Truppen der Griechen nach langjähriger Belagerung der Stadt Troja einfach abzuziehen, und die Trojaner in dem Glauben zu belassen, die Griechen hätten aufgegeben und sie hätten den Krieg gewonnen. Wie aber nun sollte Troja besiegt, wie die Festung endlich eingenommen werden? Dazu brauchte es eine weitere Idee des Odysseus, des kreativen Vordenkers der Griechen. Er hatte die Idee, ein riesiges hölzernes Pferd zu bauen, als Abschieds- und Weihegeschenk der Griechen an die Trojaner. Es sollte nach dem Abzug der Griechen allein auf den riesigen Feldern vor den Stadtmauern Trojas stehen. Der Bauch des Pferdes sollte hohl sein, sodass sich die besten Krieger der Griechen darin verbergen konnten.

In der Nacht wird der Sieg ausgiebig gefeiert. Daraufhin steigen die Krieger durch die nur von innen zu öffnenden Klappen aus dem Bauch und öffnen die Stadttore, damit die Griechen einziehen können, um ihr grausames Gemetzel zu beginnen. Die Trojaner waren gewarnt worden, allen voran von Kassandra der Seherin, die sogar versucht hatte, mit einer Fackel das Pferd anzuzünden. Die Kriegstaktik war aufgegangen. Troja wurde abgebrannt und nur wenige Einwohner konnten fliehen.

Am Anfang stand eine List, dann kam eine gleich mehrfache Täuschung hinzu und am Ende war Troja eingenommen. Vieles hatte zusammengehen müssen: der Bau des gigantischen Holzpferdes; der glaubhafte Rückzug der Griechen; die Bereitschaft der Trojaner, dem heuchlerischen Sinon zu glauben, ihn nicht zu töten und sogar in die Stadt zu lassen, nur weil er sich als Feind des Odysseus ausgegeben hatte; der Transport des Pferdes durch eingerissene Stadtmauern in das Innere der Stadt und nicht zuletzt die Missachtung der Worte der eigenen Seherin Kassandra. Diese

List und Täuschung durch das Trojanische Pferd hatte anscheinend großes Wohlwollen bei den Göttern oder einfach eine Menge Glück. Aber es war nach zehn Jahren Belagerung anscheinend die letzte Möglichkeit, Troja doch noch einzunehmen. Wo offene Gewalt scheitert, öffnen List und Täuschung die Tore. Bei den Griechen war es gleich eine mehrfache Täuschung: Das hölzerne Pferd war kein Opfergeschenk; der Rückzug der Truppen war keine Kapitulation; das hölzerne Pferd verbarg innen, was von außen nicht sichtbar war; und die Geschichte des Sinon, den die Griechen scheinbar auch als Opfer zurückgelassen hatten, musste glaubwürdig sein. Nur weil all diese Täuschungen wirkten, konnte das Ziel erreicht werden. Manchmal erweisen sich Täuschungen als so stabil, dass sie kaum noch aufgehoben werden können. Dann kann man durchaus schon von einem Täuschungsarrangement sprechen.

TÄUSCHUNGSARRANGEMENT

Täuschungen in der Wahrnehmung und Aufmerksamkeit haben eine gewisse Zählebigkeit. Haben sie sich erst einmal eingerichtet in unserem Gehirn und unseren Gewohnheiten, dann sind sie manchmal schwer zu korrigieren. Ein grandioses literarisches Beispiel für eine mehrfache und persistierende Täuschung schildert Max Frisch in seinem Buch *Mein Name sei Gantenbein* (1975).

Ein Mann stellt sich blind, kauft sich eine dunkle Brille und einen schwarzen Stock. *Um seine Blindnis zu bezeugen, genügte es vollauf, daß er ab und zu die Asche seiner Zigarette neben den Aschenbecher klopfte, und Mühe machte nur, daß man nicht über Filme reden konnte. Filme sind das Verbin-*

dende. Auch sie, schien es, wußte nicht so recht, worüber man mit einem Blinden reden kann, und die Versuchung, daß man infolgedessen über Intimes redete, war groß (28–29). Er ist extrem eifersüchtig und glaubt, mit seiner täuschend echt gespielten Blindheit seine Ehe glücklich halten zu können. Wenn er all das nicht sieht, was um ihn herum geschieht, dann kann er als pathologisch eifersüchtiger Mann so tun, als sei alles in Ordnung. Selbsttäuschung als Grundlage einer Ehe oder gar als Lebensmodell? Die Täuschung der Ehefrau und aller anderen scheint lediglich ein Nebeneffekt zu sein. Und dann gibt es den Moment, in dem er mit aller Täuschung aufhört und schlicht die Wahrheit ausspricht. Aber diese Wahrheit wird nicht wahrgenommen, weil die Eheleute sich mit der Täuschung arrangiert haben.

Das Paar sitzt am Kamin, es ist nach Mitternacht, sie liest die Zeitung und er trinkt einen Whisky. Sie fragt ihn beiläufig, ob er einen Artikel über einen Mord gelesen habe und er antwortet deutlich: *Ja, habe ich, – habe ich gelesen* (309). Es entsteht eine kurze Pause, in der er sich schon entdeckt glaubt, aber sie bleibt bei ihrer Verwunderung über den Mord und fragt ihn nach seiner Meinung: *Kannst du dir vorstellen, fragte sie, wieso einer das tut? Ich finde es schauerlich. – Ja, sagte ich, – habe ich gelesen* (309). Er wiederholt als vermeintlich Blinder (!) deutlich, dass er den Artikel gelesen (!) habe, sie geht wieder darüber hinweg und fragt ihn, ob noch Whisky da sei. Daraufhin reagiert er fast barsch und weist sie darauf hin, was er gesagt hat: *Lila, sagte ich, ich habe etwas gesagt. – Entschuldige! Sagte sie und ich sah ihr Gesicht, als sie fragte: Was hast du gesagt? – Ich habe gesagt, sagte ich, – ich habe gesagt, dass ichs gelesen habe. – Findest du's nicht schauerlich? – Ja – Seither haben wir geschwiegen. – Ja, sagte Lila jetzt, gehen wir schlafen!* (309). Dreimal hat er sie darauf hingewiesen, dass er den Artikel gelesen habe und dreimal ist sie über diese Aussage hinweggegangen. Sie überhört es, wenn er von gelesen spricht, denn als Blinder kann er den Artikel ja nicht gelesen haben. Und er provoziert sie, indem er sich wiederholt und auf seine Aussage explizit hinweist, aber sie überhört es wieder, missversteht gezielt, verleugnet.

4.

DU SOLLST NICHT ALLES GLAUBEN, WAS DU DENKST! – WEGE AUS DER OTHELLO-FALLE

Wir sind es gewohnt, uns selbst zu vertrauen und daher glauben wir, was wir denken. Manchmal verführt uns unser Denken allerdings, ohne dass wir es merken: Dann werden wir eifersüchtig oder fühlen uns schuldig, obwohl es keinen erkennbaren Grund dafür gibt, erliegen wir Irrtümern, Denkfehlern oder Selbsttäuschungen, die wir nicht verstehen, oder werden getäuscht, ohne dass wir es merken. Diese verstörenden Gefühle, Gedanken und Situationen kennt jeder. Manchmal bekommen wir eine Ahnung davon, woher sie kommen, manchmal plagen sie uns oder führen gar zum Ende wichtiger Beziehungen. Man fühlt sich wie in einer Falle gefangen und man weiß nicht, wie man in sie hineingekommen ist und wie man wieder aus ihr herauskommt. Diese Falle nenne ich die Othello-Falle, weil Othello alle diese Verwirrungen gleichzeitig empfand. In diesem Kapitel sollen die psychologisch wichtigsten Wege aus der Othello-Falle beschrieben werden. Dabei geht es um: 1. die Überwindung der Angst, 2. den Mut zur Wahrhaftigkeit, 3. das Prüfen alter Lösungswege, 4. geträumte oder traumhafte Lösungen, 5. persönliche Veränderungen, 6. ein fehlerfreundliches Lernen und 7. eine optimistische Grundhaltung.

DIE ÜBERWINDUNG DER ANGST

Täuschungen durch andere können wir anscheinend besser erkennen und verarbeiten als eigene Denkfehler oder Selbsttäuschungen. So irren wir herum auf der Suche nach Erklärungen oder Ursachen, suchen sie meist bei anderen und finden sie doch letztlich bei uns selbst, obwohl es uns schwerfällt, dies anzunehmen. Manchmal helfen uns liebevoll Partner, Geschwister, Freunde oder Kinder mit Hinweisen oder gutgemeinten Ratschlägen aus dem Labyrinth heraus, indem sie uns freundlich auf unsere Fehler hinweisen. Das Orakel von Delphi hat das Ziel formuliert: *Erkenne dich selbst!* Aber welcher Weg führt im eigenen Fall zu diesem Ziel?

Unser Denken macht stets einen Sinn, nur ist es manchmal nicht der, den wir zu kennen glauben. Der Sinn unseres Denkens über uns selbst ist zunächst einmal die Wahrung eines freundlichen Verhältnisses zu uns selbst, nicht selten eine Bereinigung unserer egoistischen Motive, und wenn wir es infrage stellen und uns einmal von außen betrachten, dann besteht die Gefahr, uns selbst kritischer zu sehen. Dies kann sich schlecht auf unser Selbstbewusstsein auswirken. Außerdem können wir dann nicht mehr glaubhaft so tun, als hätten wir alles im Griff, keine ernsthaften Ängste oder Probleme mehr. Hier könnte man einwenden: Wenn die kritische Sicht auf sich selbst der Preis dafür ist, dass wir fortan unserem eigenen Denken wieder vertrauen können, dann können wir doch damit leben, vielleicht sogar besser als zuvor. Aber das Selbstvertrauen leidet und vielfältige Ängste melden sich, nicht nur nachts: Ängste um uns selbst, unsere persönliche Bedeutung und Stabilität, unsere Kompetenzen und Fähigkeiten, und Ängste rund um unsere Beziehungen, insbesondere ihre Verlässlichkeit oder drohenden Verluste.

Wenn wir reflektierter oder gar selbstkritischer denken, gehen wir das Risiko ein, die bislang abgewehrten Ängste unseres Lebens wieder mehr zu spüren und mit ihnen konfrontiert zu werden. Man kann seine Ängste analysieren und die meisten davon auf diesem Wege in ihrer Wirkung entkräften, das wäre sicher eine Lösung. Dann könnten wir wahrhaftiger leben, unserem Denken wieder vertrauen, weil wir es nicht mehr beschönigen müssten und wir könnten die dabei auftauchenden Ängste als Papiertiger entzaubern und somit angstfreier leben. Wie kann man dieses Ziel erreichen? Es gibt keine allgemeingültige Lösung, jeder Mensch muss seinen eigenen einzigartigen Weg finden. Aber es gibt eine kleine Geschichte, die uns zeigt, wie es gehen könnte und von der jeder lernen kann, wie man seine Ängste bewältigen kann. Es ist eine Blaupause für ein menschlicheres und angstfreieres Leben – und zudem wunderbar für Kinder geeignet.

In der Geschichte *Jim Knopf und Lukas der Lokomotivführer* von Michael Ende (1960) verirren sich die beiden Helden in der Wüste *Ende der Welt* und begegnen dort dem Scheinriesen Herrn Tur Tur. Sie haben Angst sich ihm zu nähern, weil er aus der Ferne so riesig erscheint, aber als sie ihm näher kommen, geschieht etwas Sonderbares: Der Riese wird immer kleiner, bis sie schließlich auf Augenhöhe voreinander stehen und sich freundlich begrüßen. Der Scheinriese stellt sich höflich vor und dankt den beiden, dass sie keine Angst hatten, ihm näher zu kommen. Er erklärt ihnen, jeder Mensch habe seine besonderen Eigenarten und dies sei eben seine. Es sei ein Phänomen von Nähe und Distanz: Normalerweise sei es so, dass Menschen aus der Ferne eher klein wirken und wenn sie näherkommen, immer größer werden. Bei ihm sei dies umgekehrt, aus der Ferne sei er groß und in der Nähe klein. Da er so riesig wirke, würden die Menschen Angst vor ihm haben und ihm nicht näherkommen wollen. Er sei eigentlich ein friedlicher und geselliger Mensch, aber die Angst der Menschen vor ihm und seiner scheinbaren Größe mache ihn doch sehr einsam. Daher habe er beschlossen, in der Wüste zu leben, weil er dort kaum Menschen begegne.

Diese kleine Geschichte steckt voller psychologischer Weisheiten. Die erste besteht darin, Menschen und Dinge nicht nach ihrem äußeren Schein zu beurteilen. Manchmal wirken Menschen nur groß und bedrohlich, aber der Schein trügt, es ist eine Täuschung. Allerdings sind Täuschung und Selbsttäuschung sehr menschlich. Die zweite Weisheit handelt vom Umgang mit der Angst vor Bedrohungen. Häufig ist die Angst unberechtigt, weil wir uns in der Bedrohung täuschen. Und man kann durch Mut die Angst überwinden. Wenn wir die Dinge und Menschen aus der Nähe betrachten, schwindet nicht selten ihre Bedrohlichkeit. Insbesondere bei Menschen können dann eine freundliche Nähe und sogar Mitgefühl entstehen. Die dritte Weisheit lautet: Scheinbare Größe macht einsam, weil damit eine menschliche Nähe verhindert wird, die wir alle existentiell brauchen. Und so stellt sich die Frage, ob die Einsamkeit nicht ein viel zu hoher Preis für die scheinbare Bedeutung und Größe ist.

Die vierte Weisheit ist eher versteckt. Manche Menschen versuchen, wie Scheinriesen zu wirken, machen sich selbst größer, um ihre Bedeutung zu unterstreichen. Solche Menschen sind im Zeitalter des Narzissmus nicht selten. Ihre Größe entpuppt sich bei näherem Hinsehen als versuchte Täuschung, als etwas Künstliches. Auch hier muss man keine Angst haben, weil das Sein hinter dem Schein nicht das hält, was es vorgibt zu sein. Man muss Bedrohungen und damit verbundene Ängste mutig prüfen, und manchmal hilft es schon darüber zu reden, um die Scheinriesen oder Geister zu vertreiben.

Die Psychologie hat sich bislang sehr viel mit Ängsten beschäftigt, weil Ängste für alle Menschen in jeder Entwicklungsphase auf vielfältige Weise bedeutsam sind. Angst wird in der Psychologie als ein Zustand verstanden, in dem wir etwas Schreckliches und Bedrohliches erwarten, ohne zu wissen, ob es wirklich eintreten wird. Eine nicht unwesentliche Frage dabei ist, ob diese befürchtete Erwartung sich aus realen äußeren Umständen verstehen und erklären lässt, oder ob eher inner-psychische Bedingungen für die Angst verantwortlich sind. Zugespitzt formuliert: Handelt es sich um eine reale Bedrohung oder um einen ängstlichen Menschen, ist eine Angst realistisch oder eher neurotisch? Für die Betroffenen ist dies manchmal eine quälende Frage: Übertreibe ich mit meiner Angst oder sind die anderen blind und taub für die drohende Gefahr? Besonders heikel wird diese Frage bei politischen Bedrohungen. Die Geschichte ist voller Beispiele, wie ganze Völker über Jahre hinweg ihre Ängste verdrängt und Bedrohungen nicht gesehen haben oder sehen wollten.

Unterscheidungen sind nicht einfach. Es gibt besonders sensible Menschen, die ein Gespür für Bedrohungen haben und es gibt weitgehend robuste, wenig ängstliche Menschen. Und es gibt sogenannte kontra-phobische Menschen, die ihre Angst damit bekämpfen, dass sie so tun, als hätten sie gar keine. In einem größeren Maßstab betrifft diese Frage die Beziehung zwischen Psychologie und Politik. Was erklärt sich aus der menschlichen Seele und was aus der politischen Gemeinschaft? Und manchmal ist dies eine sehr konkrete Frage für Menschen mit einer sensiblen Seele und einem politischen Interesse.

Carla war eine intelligente, selbstbewusste und gutausse-
hende Frau mittleren Alters, die unter vielerlei Ängsten litt,
die scheinbar willkürlich auftraten, wechselten und schier
unbeherrschbar erschienen. Sie hatte Angst vor Krebs, vor
einem Unfall ihrer Kinder auf dem Schulweg, vor Arbeits-
platzverlust und vielerlei mehr, vor allem aber hatte sie Angst
vor einem Krieg und vor dem Tod. Man konnte stundenlang
mit Carla über ihre Ängste reden, sie kamen und gingen, bezogen sich auf ihren Körper, ihre Kinder, ihr Leben, ihre Lebenssituation oder einfach die Zukunft. Eine erste Eigen-
tümlichkeit ihrer Ängste war, dass sie in der Regel weniger
wurden, wenn man über sie redete. Der Scheinriese wurde
auch bei ihr immer kleiner, je näher man ihm kam. Sie wurden weniger bedrohlich, wenn man ausführlich über sie
sprach. Da sie mit ihrem Mann kaum noch redete und sie
kein besonderes Vertrauen zu anderen Menschen hatte, zumindest nicht soweit, dass sie anderen ihre Ängste offenbaren wollte, steckte sie fest mit ihren Ängsten und wurde oft
von ihnen beherrscht. So konnte sie im Alltag souverän auf-
treten, als Lehrerin arbeiten, engagierte Elternvertreterin in
der Kita sein und aktiv Sport betreiben, aber zugleich hinter
dieser Fassade unsicher und ängstlich sein. Sie wusste nie,
was die Angst mit ihr machen konnte, wann sie kam und
ging und wann und wie eine neue Angst eine alte ablöste.
Die Angst war schon seit ihren Kindheitstagen ihre ständige
Begleiterin. Aber ihre Ängste hatten eine weitere Eigentüm-
lichkeit, die hoffnungsvoll war: Informationen halfen ihr,
Ängste zu überwinden. So hatte sie beispielsweise eine Zeit
lang heftige Flugangst gehabt. Die Familie musste in alle Ur-
laube mit dem Auto fahren und ferne Ziele meiden, was mit
den kleinen Kindern doch recht beschwerlich war. Und dann
begann sie, sich mit den Grundlagen des Fliegens zu be-

schäftigen und las über die Physik der Schubkraft. Nachdem sie das Prinzip des Fliegens rudimentär verstanden hatte, verschwand ihre Angst langsam. Sie informierte sich über die Sicherheit und Technik verschiedener Flugzeuge, was ihren kleinen Sohn sehr freute, nahm bei den ersten Flugversuchen ein paar Beruhigungspillen und bekam auf diese Weise ihre Flugangst in den Griff. Sie verschwand nie ganz, die Angst flog immer mit. Aber während eines Fluges freundete sie sich sogar mit einer Flugbegleiterin an, die ihr offenbarte, dass es ihr seit vielen Jahren ähnlich ergehe.

Als wir unsere Gespräche über ihre Ängste begannen, hatten wir also recht gute Voraussetzungen. Denken und Reden über die Angst halfen ebenso wie Informationen. Im Mittelpunkt ihrer damaligen Ängste stand die Angst vor Krieg und Tod. Als Familienpsychologe spreche ich gern über Familienbeziehungen, die Beziehungen in der Ursprungsfamilie, in der wir Kinder waren und die Beziehungen in den Kernfamilien, in denen wir als Erwachsene für Kinder sorgen. Carla berichtete viel zum Thema Kriegsangst und der Angst vor dem Tod, als sie über ihre Ursprungsfamilie sprach. Beide Eltern bezeichnete sie als ängstlich und konnte jeweils viele Gründe dafür benennen. Ihre Eltern waren noch im Krieg geboren, hatten beide ihre Väter nicht kennengelernt, die im Krieg starben, waren bei den Müttern und Großmüttern gewesen und waren bei Kriegsende mit ihnen monatelang auf der Flucht vor den heranrückenden Truppen gewesen, bevor sie jahrelang mit mehreren Erwachsenen und Kindern in einem Zimmer lebten, wo sie zumindest in Sicherheit waren. Carlas Eltern hatten die existentielle Angst, die Angst vor Tod, Krieg, Flucht und Vertreibung so intensiv erfahren, dass sie nach dem Krieg scheinbar emotionslos waren. Sie hatten gelernt, ihre Gefühle so gut zu verdrängen – zu dissoziieren –, dass sie beinahe nichts mehr fühlten. Insofern hat Carla ihre Eltern als gefühlskalt erlebt, was sie nicht waren, aber aufgrund der Bedrohungen wurden.

Man weiß noch nicht genau, wie Kinder den Umgang mit Gefühlen lernen, wenn ihre Eltern schwer traumatisiert wurden und deshalb ihre Gefühle dissoziiert haben. Wahrscheinlich wirkt sich dies auf mindestens zweifache Weise aus: Erstens lernen sie von diesen Eltern nicht wirklich eine emotionale Kompetenz, also einen kompetenten Umgang mit Gefühlen; zweitens hat man festgestellt, dass bei der intergenerationellen Weitergabe die verdrängten Gefühle der Eltern anscheinend auf die Kinder übertragen werden, sodass sie Gefühle haben, mit denen sie nicht umgehen können und deren Hintergrund sie nicht kennen. Sie müssen sich also mit intensiven Gefühlen auseinandersetzen und haben gleichzeitig weniger Kompetenzen und Bewältigungsstrategien als andere Kinder. Dieses Dilemma müssen die Kinder weitgehend mit sich selbst abmachen, weil die Eltern ihnen deutlich signalisieren, dass sie Gefühle als bedrohlich erleben und darüber auch nicht sprechen möchten. Hilfreich sind oftmals die Geschwister, sofern sie nicht genauso unter dem Problem leiden, oder andere Menschen, die über große emotionale Kompetenzen verfügen, wie Freunde, Erzieher oder Lehrer. Solche kompensatorischen Beziehungen können Fähigkeiten wecken, die von Eltern nicht vermittelt werden. Manchmal suchen sich diese Kinder, wenn sie erwachsen sind, Partner, die zu ihnen passen. Das müssen dann ebenfalls Menschen sein, die Schwierigkeiten im Umgang mit Gefühlen haben, die aber glaubhaft signalisieren, dass sie für dieses Problem eine bessere Lösung haben als sie selbst.

Ist die Angst vor einem Krieg real oder neurotisch? Neurotisch würde bedeuten, dass es sich um eine Angst vor der

Angst handelt, also eher seelisch erklärbar ist und nicht durch reale Umstände. Ich habe Carlas Angst vor einem Krieg ernst genommen und sie nicht als eine neurotische abgetan, denn politische Probleme sollte man nicht psychologisieren. Also haben wir über den Syrienkonflikt in seiner ganzen Komplexität gesprochen. Dadurch hat sie sich ernst genommen gefühlt. Sie sprach von ihrer Angst, dass durch ein mögliches Eingreifen türkischer Bodentruppen die ganze prekäre Lage eskalieren könnte, dann vielleicht ein Bündnisfall einsetzen könnte, der zu einer weiteren Dynamik führen würde. War Carlas Angst real oder neurotisch? Nein, diese Angst ist keinesfalls therapiebedürftig und es fragt sich eher, warum nicht viel mehr Menschen solche Ängste haben. Ich sprach von der menschlichen Spaltungsfähigkeit, die uns in die Lage versetzt, Berichte aus afrikanischen Massenlagern mit Hungersnöten ansehen und dabei gleichzeitig Abendbrot essen zu können. Ist diese Spaltungsfähigkeit erstrebenswert oder eine menschliche Perversion? Ist also die Angst vor dem Krieg der Normalfall und die Abspaltung und Verdrängung erklärungs- oder gar behandlungsbedürftig? Bei Carla passierte etwas Verwunderliches: Sie konnte über ihre Ängste sprechen und sie fühlte sich nicht eingeschränkt. Anschließend haben wir unsere eigene Diskussion reflektiert und dabei hat Carla erkannt, dass ihre Angst immer dann entsteht, wenn sie an einem bestimmten Punkt aufhört zu denken. Dann hat sie einige Anhaltspunkte für eine diffuse Bedrohung und beginnt dann nicht damit, dies alles zu ordnen und zu analysieren, sondern sie geht aus der Bedrohung direkt zum Gefühl der Angst über. Carla ist intelligent und so hat sie gelernt, ihre Vernunft zur Überprüfung ihrer Gefühle zu nutzen. Dies gelingt ihr nicht immer, aber am Beispiel des Syrienkonflikts musste sie anerkennen, dass es eine

äußerst komplexe Gemengelage von Risiko- und Schutz-
faktoren und unterschiedlichen Interessen gibt, die eine tiefe
Sorge rechtfertigen, aber keine diffuse Angst und Panik.

Bislang hatte sie nicht die Erfahrung gemacht, dass je-
mand aus ihrem vertrauten Familienkreis jemals mit ihr so
ernsthaft über ihre Ängste gesprochen hat. Ihre Eltern konnten es nicht, bei ihrem Mann traute sie sich nicht und ihre
Kinder waren noch zu klein. Das Wichtigste aber war, dass
alle Diskussionen nicht nur eine politische Seite haben, sondern immer auch eine persönliche, die mit Angst verbunden
ist. Deshalb konnte und wollte sie sich auch nicht Freunden und Freundinnen gegenüber eröffnen. Sie sprach nicht
über Politik, über Gesundheit, Kultur oder Beziehungen,
weil alles immer auch mit ihren Ängsten durchdrungen
war – und so wurde sie sprachlos und mit ihren Ängsten einsam. Mittlerweile hat sie gelernt, über ihre Ängste auch mit
ihrem Mann zu reden und damit zugleich ihre Paarbeziehung zu stabilisieren. Ihr Kommentar: *Reden vertreibt die
Geister.* Manchmal gehört aber noch mehr dazu, dann hilft
reden allein auch nicht weiter. Dann muss man sich zu seiner
Sicht der Dinge bekennen, einen Mut zur Wahrhaftigkeit
entwickeln. Es geht nicht um Wahrheit, schon gar nicht um
den Anspruch einer absoluten oder einzig richtigen. Wahrhaftigkeit bedeutet, sich zu seinen Gedanken, Motiven und
Handlungen ehrlich zu bekennen, auch wenn die Folgen unangenehm oder sogar schwerwiegend sind.

MUT ZUR WAHRHAFTIGKEIT

Viele Verwirrungen in Beziehungen würden vielleicht erst gar nicht entstehen, wenn sich mehr Menschen zu den Motiven ihres Handelns bekennen oder es zumindest versuchen würden, aber es wäre sicherlich für alle Beteiligten erheblich anstrengender. Bei den meisten Menschen verhindert die Scham eine solche Wahrhaftigkeit. Manchmal verstößt ein schamloses Verhalten nicht nur gegen eigene Moralvorstellungen, sondern auch die der Gemeinschaft. Es gibt also viele Gründe, nicht offen und ehrlich zu sein. Man fühlt sich wohler mit sich selbst und angesehener durch andere, wenn man angeblich fehlerlos lebt und stets nur Gutes im Sinn hat. Allerdings ist ein solch fehlerloses Leben an sich schon ein Trugschluss, eine Lüge, eine Selbsttäuschung. Das offene und wahrhaftige Bekenntnis eigener Fehler oder egoistischen Verhaltens ist zwar nicht leicht, schafft aber Entlastung von einem schuldhaften Gefühl. Und ein solches Bekenntnis ist in der Regel mit Sanktionen durch die soziale Gemeinschaft verbunden, mit moralischer Verurteilung, Geldstrafen, Ausschluss aus der Gemeinschaft auf Zeit durch einen Gefängnisaufenthalt oder in manchen Zeiten und Ländern sogar die Todesstrafe. Im Falle einer drohenden Todesstrafe muss man schon über eine gehörige Portion an Selbstbewusstsein, Furchtlosigkeit und Todesmut verfügen, um selbst dann nicht vor der Wahrheit zurückzuschrecken.

Boccaccio beschreibt schon 1348 in seinem epochalen Werk *Das Dekameron* in der siebenten Geschichte des sechsten Tages (Boccaccio 1348/1980, 551 ff.) eine juristisch eindeutige Ausgangslage: *In der Stadt Prato war einmal ein Gesetz, wahrlich nicht minder tadelnswert als grausam, das, ohne irgendwie einen Unterschied zu machen, festsetzte, daß jede*

Frau, die von ihrem Gatten beim Ehebruche mit einem Gelieb-
ten betroffen worden sei, ebenso verbrannt werden solle wie
jede, von der sich herausgestellt habe, daß sie sich einem belie-
bigen Manne um Geld hingegeben habe (551). Wenn also ein
aufgedeckter Ehebruch legal die Todesstrafe zur Folge hat,
dann ist ein Bekenntnis zu solch einem Ehebruch – zumal
öffentlich – wahrhaft todesmutig.

Die schöne Edeldame Madonna Filippa war verheiratet
mit ihrem Gatten Rinaldo de' Pugliesi und hatte eine Liebesaffäre mit einem schönen jungen Edelmann der Stadt, Herrn
Lazzarinos de' Guazzagliotri. Rinaldo erwischte die beiden
eines Nachts beim Liebesspiel. Am nächsten Tag ging der
betrogene Ehemann sofort zum Gericht und klagte offiziell
seine Frau des Ehebruchs an. Die Dame weigerte sich, zu
leugnen, obwohl sie um die Strafe wusste. Alle Freunde rie-
ten ihr, die Vorwürfe abzustreiten, aber sie entschied sich,
lieber vor dem Gericht zu erscheinen, zur Wahrheit zu stehen und die Folgen zu tragen, als sich selbst einen Ort der
Verbannung zu suchen, an dem sie dann ihr Leben fristen
könne. Sie war sich keiner besonderen Schuld bewusst und
beschloss, sich selbst vor Gericht zu verteidigen.

Sie ging also selbst in Begleitung vieler Freunde und Be-
kannter zum Gericht und fragte den Richter, was dieser von
ihr wolle. Dieser sah die schöne und edle Frau, bekam Mitleid mit ihr und warnte sie vor den möglichen Folgen ihres
Handelns: *Madonna, wie Ihr seht, steht hier Euer Gatte*
Rinaldo, und er führt Klage gegen Euch, dass er Euch mit
einem Manne im Ehebruche betroffen habe; und darum ver-
langt er, dass ich Euch dafür, wie es das Gesetz verlangt, mit
dem Tode bestrafe: das kann ich aber nicht tun, wenn ihr nicht
gesteht, und darum gebt wohl acht, was ihr antwortet, und
sagt mir, ob das wahr ist, dessen Euch Euer Gatte anklagt

(552). Die Frau hätte nun angesichts des wohlgesinnten Richters die Möglichkeit, sich leicht aus der Affäre zu ziehen und damit ihr Leben zu retten, aber sie blieb ruhig, gestand unumwunden ihre Liebesbeziehung, kam dann auf das Gesetz und die Moral zu sprechen und fragte schließlich, ob es unmoralisch sei, einen Geliebten zu haben, auch wenn der eigene Ehemann niemals einen Grund zur Klage gehabt habe: Sie habe sich ihm jedes Mal hingegeben, wenn dieser es gewünscht hätte und dieser habe daher keinen Grund zur Klage. *Es ist wahr, Messer, dass Rinaldo mein Gatte ist und dass er mich in der vergangenen Nacht in den Armen Lazzarinos betroffen hat, in denen ich wegen der innigen und vollkommenen Liebe, die ich zu ihm trage, zu often Malen geweilt habe; und das werde ich nie leugnen: bin ich doch überzeugt, dass Ihr wisst, dass die Gesetze alle einschließen und mit der Zustimmung aller, die sie angehn, gemacht sein sollen ... Wenn Ihr nun meinem Leben und Euerer Seele zum Nachteile sein Vollstrecker sein wollt, so steht das bei Euch; bevor Ihr aber darangeht, ein Urteil zu sprechen, bitte ich Euch, dass Ihr mir eine kleine Gunst gewährt, nämlich meinen Gatten zu fragen, ob ich mich ihm jedes Mal und so oft es ihm beliebt hat und ohne Widerrede hingegeben habe oder nicht* (552, 553). Noch ehe der Richter den Ehemann befragen konnte, antwortete dieser bereits von sich aus und bekannte, dass seine Frau sich genau in der Weise verhalten habe, also sich ihm stets – wann und wie er es wünschte – hingegeben habe. *Also frage ich, Herr Richter, fuhr die Dame sogleich fort, wenn er von mir immer alles das, was er gebraucht und gewünscht hat, bekommen hat, was sollte oder soll ich denn mit dem machen, was er übriglässt? Es vor die Hunde werfen? Ist es nicht viel besser, damit einem Edelmanne, der mich mehr liebt als sich, zu dienen, als es zugrunde gehen oder verderben zu lassen* (553). Das

185

ganze Volk war zusammengelaufen und hatte diese Rede der feinen Edeldame gehört. Sie lachten, freuten sich über die Argumente und riefen alle wie aus einem Munde, dass die Dame recht habe und freigesprochen werden müsse.

Der Richter forderte das Volk auf, bevor es wieder nach Hause ginge, das Gesetz sogleich zu ändern, damit er in ihrem Sinne entscheiden könne. Das Volk tat genau dies und beschränkte fortan das Gesetz auf diejenigen Frauen, die sich wegen des Geldes den Männern hingaben und sich damit an ihren Ehegatten vergingen. Der gehörnte Ehemann Rinaldo verließ verschämt den Platz des Gerichts, und *die Dame kehrte froh und heiter, schier wie eine vom Feuer Wiedererstandene, mit Ruhm bedeckt in ihr Haus zurück* (553). Wer liebt, wirklich liebt und nicht käuflich, der hat also recht! Und solange diese Liebe keinem anderen schadet, sich keiner beklagen kann, in seinen Bedürfnissen eingeschränkt wird, solange ist die Liebe heilig, unantastbar und auch moralisch einwandfrei.

Es gehört viel Selbstbewusstsein dazu, sich auf diese Weise öffentlich zu bekennen und darauf zu hoffen, dass die Gesetze geändert werden müssen, um nicht bestraft zu werden. Ein riskanter Lösungsversuch im Namen der Liebe, der überschüssigen Liebe einer Frau. Sicherlich nicht empfehlenswert für ängstliche Menschen. Ein viel einfacherer Weg auf der Suche nach Lösungen aus einem Dilemma ist sicherlich erst einmal die Analyse der alten.

ALTE LÖSUNGEN PRÜFEN

Am Anfang jeder neuen Lösung steht die Reflexion der alten Lösungsmuster. Wann waren sie hilfreich, warum haben sie mir damals geholfen und wieso heute nicht mehr? Solche Reflexionen ergeben sich nicht als kleine Denksportaufgabe an einem Sonntagnachmittag, sondern sind meist das Ergebnis leidvoller Erfahrungen. Anscheinend müssen erst einmal alle alten Lösungswege versagen, bevor wir uns aufmachen, neue und für die heutige Lebenssituation oder die aktuellen Konflikte bessere zu suchen.

Bei Theresa war es mir zunächst nicht klar, aus welchen Gründen sie immer wieder schreien musste – und sie wusste es auch nicht, als wir uns das erste Mal begegneten. Dabei schien sie mir von Anfang an ein lammfrommes Wesen zu sein. Sie sprach ruhig, beinahe leise, lächelte scheu, war zurückhaltend und ließ stets ihrem Mann großzügig den Raum für seine ausschweifenden Selbstdarstellungen. Und dann schilderte sie mir lächelnd, wie sie immer wieder ausrasten konnte, rumbrüllte und sich selbst so in Rage reden konnte, dass sie dabei weitgehend die Kontrolle verlor und am Ende nur noch schrie. Um dem Ganzen einen besonderen akustischen Rahmen zu geben, hat sie dabei immer auch noch die Türen zugeschlagen. Ja, sie machte richtig Krach. Sie ärgerte sich selbst darüber, denn sie war damit in den Augen ihres Mannes die Schuldige am ganzen Dilemma ihrer Partnerschaft. Wenn sie nicht immer wieder so ausrasten und schreien würde, dann hätten sie als Paar alles im Griff und könnten alle Probleme lösen, falls es dann überhaupt noch welche gebe. Er brachte eindeutige Beweise für ihr Fehlverhalten und wollte sich damit möglichst schnell aus der Paarberatung zurückziehen, denn sie hatte ja das Problem und er war nur ihr Opfer. Dagegen wandte sie sogleich leise anmerkend ein, dass sie dieses eruptive Schreien nur aus der Beziehung zu ihm kenne, denn niemals zuvor war ihr ein Mann begegnet, der sie so schnell und heftig zur Weißglut bringen konnte wie er.

Manchmal sagen Menschen einzelne bedeutungsvolle Sätze, die man hören und verstehen muss, um einen emotionalen Zugang zu ihnen finden zu können. Theresa sagte den Satz: *Wenn ich nicht schreie, dann hört er mich nicht!* Ich bat sie, mir diesen Satz zu erklären. Sie war der Überzeugung, dass sie nur durch Lautstärke Aufmerksamkeit erreichen könne, nicht durch Argumente. Dieses Denken war viel älter, als ihre Beziehung zu ihrem Mann. Daraus sprach eine früh gelernte Erfahrung, ein altbekannter Lösungsweg.

Wir sprachen über ihre Kindheit und Ursprungsfamilie. Sie war emotional eher Vaters Kind, aber Mutter war ihre Hauptbezugsperson gewesen. Und ihre Mutter war immer wieder längere Zeit in einem Krankenhaus zur Behandlung gewesen. Allerdings sprach man nie über ihre Erkrankung, das war ein Tabu. Keiner hatte jemals den Versuch gemacht, ihr und ihrer kleinen Schwester zu erklären, welche Krankheit die Mutter hatte. Noch heute hatte Theresa als intelligente Frau keine Ahnung von dieser mysteriösen Erkrankung ihrer Mutter. Sie hielt sich immer noch an das Tabu. Ich fragte sie, wie sie ihre Mutter erlebt hatte, wenn sie wieder krank wurde, ihre Antwort: *Sie wirkte apathisch, irgendwie gelähmt, war in sich zurückgezogen, machte nichts mehr, saß nur da und starrte vor sich hin und war für uns Kinder nicht mehr erreichbar. Nur wenn ich geschrien habe, hat sie sich mir zugewandt!* Das Verhalten der Mutter war nicht durchgängig so, sie litt anscheinend immer wieder unter depressiven Episoden und musste dann in eine Klinik zu Behandlung. Ja, es gab noch viele andere in der Familiengeschichte, die so ähnlich waren und ebenfalls unter der gleichen Krankheit litten, drei davon haben sich umgebracht. Aber man sprach niemals darüber, vor allem nicht mit den Kindern. Irgendwie hatten alle Angst davor, auch diese Krankheit zu bekommen, sie galt als ein Familienschicksal.

Bei depressiven Menschen sprechen wir in der Klinischen Psychologie von einer anwesenden Abwesenheit. Als Mütter sind sie zwar körperlich anwesend, aber emotional oftmals abwesend. Ihre Aufmerksamkeit ist nach innen gerichtet und daher sind sie für andere, insbesondere die Kinder, nur schwer erreichbar. Theresas Mutter hatte anscheinend eine schwere Depression und ihre anwesende Abwesenheit führte dazu, dass die kleine Theresa ihre Mutter nicht erreichen konnte. Dann hat sie geschrien und auf diese Weise immer wieder ihre Aufmerksamkeit erlangt. Damit hatte sie ein Lösungsmuster erlernt, das damals hilfreich war, sich aber heute in ihrer Paarbeziehung als äußerst destruktiv herausstellte. Und sie bestand immer wieder darauf: *Mein Mann ist genauso wie meine Mutter!* Als sie diesen Satz das erste Mal sagte, wusste sie noch nicht, was dies alles bedeutete. Nachdem wir über ihre Mutter gesprochen hatten, wurden ihr die Zusammenhänge klarer.

Zur Verteidigung von Theresa darf nicht unerwähnt bleiben, dass ihr Mann wirklich einige Ähnlichkeiten mit ihrer Mutter hatte, denn er hatte große Schwierigkeiten im Umgang mit Gefühlen, war emotional stark verflacht und versteinerte in Stresssituationen, sodass er zu einer Gefühlsregung kaum mehr in der Lage war. Beide mussten in unseren Sitzungen lernen, sich zu streiten. Für sie war es dabei wichtig, nicht in das alte Muster des Schreiens zu geraten, und er konnte lernen, Konflikte anzusprechen und dabei nicht emotional zu versteinern. Er hatte sich früher auf diese Weise vor schweren Gefühlen zu schützen versucht, indem er sie gar nicht an sich heranließ. Durch die neue, ruhige und freundliche Art Theresas entstand für ihn die Möglichkeit, seine Gefühle zuzulassen und anzusprechen. Das war anfangs sehr ungewohnt für beide, aber sie hatten Lust, sich daran zu gewöhnen.

EINE TRAUMHAFTE LÖSUNG

Manchmal erträumen wir Lösungen für unsere Alltagsprobleme, aber auch für tiefere Lebensthemen, wahrlich im Schlaf. Und wir sprechen von traumhaft, wenn etwas so ist, wie wir es uns nur in einem Traum vorstellen können. Träume sind aus psychologischer Sicht symbolische Wunscherfüllungen. Wir erfüllen uns im Traum einen tiefen Wunsch, allerdings in symbolischer Form, daher muss man die Symbolik eines Traumes verstehen. Diese Symbolik erschließt sich nur individuell. Man muss einen Menschen recht gut kennen, um seinen Traum zu verstehen und entschlüsseln zu können, und man muss sich selbst recht gut kennen, um den eigenen Traum verstehen zu können. Die eigenen Träume sind nicht immer die richtigen Lösungen, aber sie sagen etwas über unsere Wünsche und die Lösungen aus, die wir gerne hätten.

Ein unerfüllter und zugleich drängender Kinderwunsch kann furchtbar quälen und das alltägliche Leben wahrhaft lähmen. Eva war eine Frau Ende Dreißig mit einem ungeheuren Druck, schwanger werden zu wollen, ja, unbedingt zu müssen. Es hatte sich bis dahin in ihrem Leben einfach nicht ergeben. Sie hatte lange studiert, viele Qualifikationen gesammelt, dann als Frau in einem typischen Männerberuf

Karriere gemacht, war an verschiedenen Standorten ihres Konzerns gewesen und daher oftmals umgezogen und hatte die Karriereleiter erklommen. Währenddessen hatte sie einige, meist kurze Liebesbeziehungen gehabt, meist Fernbeziehungen, zwischendrin war sie lange Single und nun hatte sie Bert kennengelernt, der von der Mutter seiner beiden Söhne frisch getrennt war. Plötzlich verschoben sich ihre Prioritäten, denn ihr war bewusst geworden, wie alt sie ist und dass es noch das ungeklärte Thema Kinderwunsch gebe. Auf ihrer inneren To-do-list stand Mutter werden ganz oben und da kam Bert gerade richtig, denn er hatte schon Erfahrungen als Vater. Sie hatte immer einen allgemeinen Kinderwunsch, aber bislang noch nie einen konkreten Kinderwunsch mit einem ganz besonderen Mann gehabt. Dies war mit Bert zum ersten Mal so, er war ein Mann der Güteklasse A und das bedeutete, dass er für tauglich befunden wurde, der Vater ihrer Kinder werden zu dürfen. Seitdem sie solche Gedanken hatte, schien ihr Kinderwunsch täglich stärker zu werden. Mit Bert hatte sie nie ausführlich über Kinder gesprochen, sie ging vielmehr davon aus, dass er auch mit ihr Kinder wolle, das sei doch ein Teil der Liebe. Die wenigen Male, in denen sie ihn mit seinen Kindern erlebt hatte, reichten ihr als Testsituation: Er hatte den Test erfolgreich bestanden! Sie war eine gestandene Business-Frau, die ihre rationale Logik für komplexe Entscheidungen nutzte, nur hatte sie mit Bert noch nicht darüber geredet. Sie war der Meinung, das würde sich im Verlaufe der Schwangerschaft schon ergeben, da habe man ja noch genug Zeit zum Reden. Alles stimmte, bis er sie *brutal ausbremste.*

Er war nicht grundsätzlich gegen Kinder, aber er wollte nicht nach wenigen Monaten ihrer Beziehung gleich ein weiteres Kind bekommen, es war ihm einfach noch zu früh. Die

Trennung von seinen Kindern war ihm deutlich schwerer gefallen als die von seiner Ex, nun wollte er nicht gleich wieder über ein gemeinsames Kind nachdenken. Aber Eva war bereits jetzt schon alles zu spät und sie war ungeheuer enttäuscht über seine zögernde Haltung. Eva warf ihm vor, sich noch gar nicht richtig getrennt zu haben, noch an der alten Beziehung zu hängen, nicht wirklich in ihrer Beziehung angekommen zu sein. Die Absage an ein Kind verstand sie als persönliche Ablehnung und Ausdruck mangelnder Liebe. Eva hatte gerade eine Beziehung beendet, weil dieser Mann auch kein Kind mit ihr wollte und so begann sie, an den Männern überhaupt zu zweifeln und fand kurzzeitigen Trost in feministischer Literatur. Bevor die Paarbeziehung richtig angefangen hatte, dachte sie bereits jetzt schon wieder über Trennung nach und dies bestärkte Bert in seinem Gefühl, dass es ihr nicht um die gemeinsame Beziehung gehe, sondern nur darum, möglichst bald schwanger zu werden – egal von wem. Seine Äußerung: *Ich bin doch kein Zuchtbulle,* war aus seiner Sicht ehrlich, aus ihrer Sicht eine tiefe Verletzung. Beide drehten sich im Kreis. Ihre bis dahin recht befriedigende Sexualität reduzierte sich auf beinahe Null. Er hatte gegen ihren Willen wieder angefangen zu verhüten und wollte *eine selbstbestimmte Sexualität unabhängig von diesem alles beherrschenden Kinderwunsch.* Sie wollte dann lieber gar keinen Sex mehr. Da sie eine intelligente Frau ist, schien ihr diese Verweigerung allerdings als ein Pyrrhussieg, denn so würde sie niemals schwanger werden können. Damit hatten beide neben dem Konflikt rund um den Kinderwunsch noch einen massiven Konflikt in ihrer Sexualität. Beide verbarrikadierten sich in ihren Positionen und die Paarbeziehung verschlechterte sich zunehmend.

Eines Nachts hatte Eva einen Traum, den sie ausführlich

berichtete. Während sie erzählte, liefen ihr die ganze Zeit die Tränen herunter. Sie träumte, sie habe einen Schatz geboren: Im Traum war nach einer richtigen Geburt ein Beutel gefüllt mit Edelsteinen aus ihrer Scheide gekommen. Sie hatte sich nach der Geburt erst über den Beutel gewundert, dann den Beutel geöffnet und all die Edelsteine darin gefunden. Sie war so aufgeregt, dass sie von dem Traum wach wurde und nicht mehr weiterschlafen konnte. Und dann hat sie lange geweint. Bert wurde auch wach und war beunruhigt, weil sie so sehr weinte, aber sie weinte weiter und sagte, es sei alles gut, sie sei glücklich und traurig zugleich.

Der Traum gilt seit Freud als eine symbolische Wunscherfüllung: Sie hatte geboren, es waren Edelsteine, ein Schatz, aber es war kein Kind. Irgendwie hatte sie für sich den ersten Teil geschafft, meinte sie, jetzt fehlte also noch das Kind. Also beschloss sie, ein Pflegekind anzunehmen, das sie zur Not auch ohne Bert erziehen konnte. Er war vollkommen überrascht und wusste nicht, wie er damit umgehen sollte: Einerseits war er froh, dass dieses Kinderwunschthema eine Wendung genommen hatte, weil sie im Traum geboren hatte, andererseits hatte sie beschlossen, das Pflegekind anzunehmen, was wiederum eine Entscheidung mit sehr realen Konsequenzen auch für ihn war. Der Druck des gemeinsamen Kinderwunsches war irgendwie aus der Beziehung, Bert fühlte sich nicht mehr als der Zuchthengst und sie sprachen über ein Haus im Grünen. Eva hatte die Lösung für ihr Dilemma geträumt, sie hatte eine traumhafte Lösung gefunden. Wie konnte sie den Traum verstehen? Wieso kamen Edelsteine aus einem Beutel aus ihrer Scheide? Wieso hatte der Traum sie so traurig und glücklich gemacht? Und wie kam es, dass sie nun ein Kind in Pflege nehmen wollte?

Wir sprachen über Mutterschaft, ihre Erfahrungen mit

ihrer Mutter und ihrem Vater. Sie war immer ein Vaterkind gewesen, hatte einen Beruf gewählt, auf den er stolz war, aber sie war auch immer der Ersatz für den ungeborenen Sohn gewesen, den er sich immer gewünscht und bei vier Töchtern nicht bekommen hatte. Als Kind war sie lange Junge gewesen, hatte immer mit Jungen gespielt, was ihren Vater sehr gefreut hatte. Auf ihre Mutter hatte sie immer etwas abfällig herabgesehen, ja, ganz ähnlich wie Vater auch. Sie war ihr Leben lang nur (!) Hausfrau und Mutter gewesen, Eva dagegen hatte studiert und Karriere gemacht. Nein, so wie Mutter hatte sie nie werden wollen. Sie hatte immer so sehr das Gegenteil von ihrer Mutter sein wollen, dass sie nie überlegt hatte, ob und wenn ja welche Art von Mutter sie gern sein würde. Sie wusste es nicht, keine Ahnung. Auf meine Frage, welche Mutter sie gern für ein Pflegekind wäre, schien sie auch nur ratlos, und diese Ratlosigkeit ließ sie verzweifeln. Wenn sie nicht einmal wisse, wie sie eine gute Mutter sein könnte, dann machte es vielleicht auch gar keinen Sinn, eine werden zu wollen? *Außerdem können Jungen sowieso keine Mütter sein.* Vielleicht würde Bert das Kind übernehmen, dann könnte sie weiterarbeiten, das könnte sie sowieso besser und dann müsste sie auch nicht so tun, als wisse sie, wie oder was eine gute Mutter sei. Bei all diesen Überlegungen wurde ihr langsam klar, dass sie sich vielleicht schon vor langer Zeit entschieden hatte, kein Kind zu bekommen und damit keine Mutter zu werden. Sie sah mich traurig an und sagte: *Dann lassen wir es bei dem Traum, vielleicht ist es für das Kind und mich und Bert auch besser so.* Realistisch sein bedeutet manchmal auch, sich von Träumen und Sehnsüchten verabschieden zu können. Und in ihrem Traum steckt noch etwas anderes: Ihr Kind ist ihr Beruf, das Geldverdienen, denn der Beutel war voller Edelsteine.

PERSÖNLICHE VERÄNDERUNGEN

Wenn Menschen in Schwierigkeiten geraten, suchen sie nach den richtigen Veränderungen, weil es so nicht weitergehen kann. Manche wandern aus, nur um in der Ferne zu erkennen, dass sie ihre Probleme nicht hinter sich gelassen haben. Viele Menschen wechseln den Partner oder die Partnerin in der Hoffnung, dass beim nächsten Mann oder der nächsten Frau alles anders wird. Manchmal hilft das wirklich, aber häufig nimmt man auch hier die Probleme mit, wenn man nur den Partner wechselt, aber sich selbst nicht ändert.

Aus psychologischer Sicht ist die persönliche Veränderung immer noch der Schlüssel zu einem besseren Leben. Und in Paarbeziehungen ist es die Regel, dass beide sich ungleichzeitig entwickeln, sowohl was die Richtung, als auch die Art und das Tempo der Veränderung anbelangt. So kann es sein, dass der eine viele äußerliche Veränderungen in seinem Leben vornimmt und damit das Gefühl bekommt, viel getan zu haben, während die andere eher innerliche Veränderungen durchlebt. Solche persönlichen Veränderungen bedeuten z. B. anders mit den eigenen Gefühlen umzugehen, weniger aufbrausend und geduldiger zu werden, andere Bedürfnisse oder eigene künstlerische, musikalische, kulturelle Fähigkeiten zu entdecken, andere Prioritäten im Leben zu setzen, sich sozial zu engagieren und vieles mehr. Wenn Paarbeziehungen in Sackgassen geraten, sind häufig auch die Lösungswege sehr verschieden; dann sucht der eine nach äußeren Veränderungen, kündigt die Beziehung, geht eine neue ein, will die Scheidung und das Haus verkaufen, während die andere eher still das Leben bilanziert und sich zu persönlichen Veränderungen aufmacht.

Es war einmal ein verheirateter Mann, der verließ seine Frau und seine Kinder, weil er in seiner neuen Kollegin eine junge, hübsche Frau gefunden hatte, die ihn so sehr bewunderte, dass er nicht anders konnte, als sich in sie zu verlieben. Und es war einmal eine junge Frau, die sich in ihren Chef verliebt hatte, weil er Orientierung und Sicherheit ausstrahlte. Und er war nicht nur ihr Chef, sie hatte endlich in ihm einen Mann gefunden, der erfahren war. Außerdem fand sie Männer attraktiv, die Väter waren, ihr Vater war auch so ein attraktiver Mann gewesen.

Nach einer heftigen Liebesaffäre wollte die Frau mit dem Mann zusammenziehen. Also packte er seine Koffer und zog aus seinem Haus aus. Sein pubertärer Sohn fragte ihn, ob er nun sein Zimmer haben könne, es sei ja jetzt frei, mehr sagte er nicht. Seine Tochter sprach überhaupt nicht mehr mit ihm und seine Frau zuckte nur die Schultern und sagte, sie habe es kommen sehen.

Er fühlte sich befreit und zog mit seiner Freundin zusammen. Im partnerschaftlichen Alltag wurde es mit der Zeit allerdings zunehmend kompliziert. Nicht nur, dass sie zusammenarbeiteten und er ihr Vorgesetzter war. Er benahm sich auch in der Freizeit wie ihr Vorgesetzter, was sie störte und er gar nicht bemerkte. Dafür empfand er es als zunehmend störend, dass sie dauernd über die Zukunft reden wollte, über ein Haus auf dem Lande mit einem großen Garten. Er fragte, was denn mit seinen großen Kindern sei, die gebe es ja auch noch, im Moment wollten sie zwar nichts mehr von ihm wissen, aber irgendwann würden sie sich doch daran gewöhnt haben und auch Zeit mit ihm verbringen wollen? Sie gab keine Antwort und schmollte.

Sie studierte die Immobilienannoncen, er fand die Finanzfrage ungeklärt. Sie empfand das als eine Zurückweisung und Kränkung, er als vernünftig. Sie wollte bei der Arbeit ihre gemeinsame Beziehung offen machen, ein anderes Büro, auch dort mehr in seiner Nähe sein, für ihn war das noch viel zu früh, die anderen Kollegen sollten möglichst nichts wissen. Wieder fühlte sie sich gekränkt und zurückgewiesen. Dann kam sie mit dem hübschen Landhaus, das sie unwiderstehlich fand und er zu teuer. Sie schlug vor, ein Auto abzuschaffen, man könne doch gemeinsam fahren, das spare schon mal Geld. Er wollte mit seinem Auto alleine fahren, ohne sie, er müsse ja oft länger arbeiten als sie. Auch hier war sie wieder gekränkt und fühlte sich zurückgewiesen. Mit einem solchen Mann konnte sie nicht mehr so einfach Sex haben, das sei nur möglich, wenn man sich verstehe und sich emotional nah sei. Für ihn war Sex auch ohne tiefes Verständnis und emotionale Nähe möglich, das sei Erpressung. Sie schmollte wieder und er wusste nicht mehr, wie er damit umgehen sollte. Er entdeckte den Wodka wieder, der ihm in solchen schwierigen Lebensphasen schon so manches Mal durch ein Tal geholfen hatte. Sie fand den Geruch eklig und wollte erst Recht keinen Sex mehr, wenn er getrunken hatte. Also packte er eines Tages wieder seine beiden Koffer und fuhr zurück zu seiner Familie. Er musste klingeln, weil er keinen Schlüssel mehr hatte. Seine Tochter fiel ihm um den Hals und freute sich, sein Sohn fragte, ob er jetzt wieder sein Zimmer räumen müsse und seine Frau blieb am Tisch sitzen. Soweit die alltägliche Geschichte einer normalen Trennung eines normalen Paares in all ihrer Kleinbürgerlichkeit. Günter de Bruyn erzählt diese Geschichte in seiner Version, die dieser recht ähnlich ist, aber er hat ein überraschendes Ende, und daher möchte ich die Geschichte aus der Sicht seines Romans *Buridans Esel* zu Ende erzählen (Bruyn 1996). Dort heißt der Ehemann Karl Erp, seine Frau Elisabeth, seine Tochter Katharina, sein Sohn Peter, und seine Kollegin und Geliebte Fräulein Broder.

Karl steht im Wohnzimmer, nachdem er die Kinder begrüßt hat. Elisabeth saß währenddessen starr und steif am Tisch, wartete auf die Taktlosigkeit einer zärtlichen Begrüßung, gegen die sie sich trotz der Anwesenheit der Kinder hätte wehren müssen, sagte schließlich, als Karl ihr nur die Hand gab: Hast du schon gegessen? Und dann lange nichts mehr, weil Karl mit den Kindern redete oder vielleicht sie zum Reden brachte, indem er sich Fragen für sie ausdachte, sehr viele, aus Angst, sie könnten welche stellen (218). Nachdem er den Kindern viele Versprechungen zur Wiedergutmachung gemacht hat, sucht er Elisabeth, die in ihrem Zimmer am Schreibtisch sitzt. *Du hast einen Schreibtisch? Sagte er und etwas später: Macht dir die neue Arbeit Spaß? – Ja. – Das freut mich. Aber du weißt hoffentlich, dass das nicht nötig ist. – Es ist nötig. – Ich meine des Geldes wegen. Die Kinder brauchen dich. Ihr schien darauf Schweigen die beste Antwort; er aber, der die neue Elisabeth noch nicht kannte, nahm es für Nachdenklichkeit ...* (218). Die neue Elisabeth! Während seiner Abwesenheit hat Elisabeth die Chance für Veränderungen genutzt, äußere wie innere. Sie hat das Haus gestrichen, die Zimmer neu arrangiert, eine neue Arbeit angefangen, an kunstgeschichtlichen Seminaren teilgenommen und innere Entwicklungen durchgemacht, die sie innerhalb der Beziehung wahrscheinlich nie hinbekommen hätte. Als er auszog, hatte es den Anschein, als sei er auf einem Weg der Veränderung und sie verharre im alten ehelichen Modus. Aber er blieb in allen Handlungen seinen Prinzipien treu und veränderte sich nicht, während Elisabeth die Chancen nutzte, die sich ihr unverhofft boten. Sie hatte sich weiterentwickelt, als ihr Mann zurückkam und konnte mit dem alten Karl nichts mehr anfangen.

Er versucht sich ihr zu erklären, windet sich um jede Wahrheit und schließt mit dem Satz: *Glaub mir: Bald bin ich wieder der alte. – Eben, sagte Elisabeth, was er nicht begriff und vorläufig auch nicht erklärt bekam* (219). Das ist großartig in der literarischen Verdichtung, dieses kleine Wort: *Eben!* Darin steckt die ganze Absage an den alten Karl, an ihr altes Leben und ein klares Plädoyer für ihre neue Lebenssituation. Sie hat die Zeit der Trennung genutzt und als der alte Ehemann zurückkommt, will sie ihn und das Leben mit ihm nicht mehr, dafür hat sie sich selbst zu sehr verändert. Deshalb hat sie die Tür zu ihrem Schlafzimmer abgeschlossen. Er wird sich innerlich verändern müssen, wenn er noch einmal eine Paarbeziehung mit ihr möchte. Und am Anfang dieser Veränderung sollte ein Eingeständnis stehen, einen Fehler gemacht zu haben. Er könnte auf diese Weise die Verantwortung für sein Handeln übernehmen, seine Frau und Familie um Entschuldigung bitten und sich dann in einen gemeinsamen Veränderungsprozess ihrer Beziehungen zu begeben.

EINE OPTIMISTISCHE GRUNDHALTUNG

Ein starkes Selbstbewusstsein ermöglicht anscheinend eine wahrhaftige Konfrontation mit den eigenen Fehlern, Irrtümern oder Täuschungen sowohl nach innen mit der eigenen Person, als auch nach außen mit anderen. Wie kann man stark sein, selbst wenn die Lebensbedingungen beschwerlich oder belastend sind? Diese Frage beschäftigt die Psychologie seit einigen Jahren und ist bekannt unter dem Stichwort Resilienz. Darunter versteht man eine psychische Widerstandsfähigkeit trotz widriger Lebensumstände, vergleichbar einem physisch starken Immunsystem. Als ein zentrales Kennzeichen einer resilienten, psychisch widerstandsfähigen Persönlichkeit gilt eine optimistische Grundhaltung. Dies ist das Ergebnis vieler psychologischer Untersuchungen an Kindern, die trotz belastender Lebensumstände einen guten Weg eingeschlagen haben, gesund und sogar glücklich geworden sind.

Optimismus gilt ja in seiner naiven Variante als Mangel an Information, als eine einfältige Art, die Welt als gut und schön zu sehen und dabei alle negativen Aspekte ausklammern zu können. Es ist aber auch eine Fähigkeit, aus den eigenen Erfahrungen das Beste zu machen und selbst Schicksalsschlägen noch Positives abgewinnen zu können. In diesem Sinne muss Sisyphos (Camus 2000) ein optimistischer Mensch gewesen sein, denn er rollte den Stein immer wieder den Berg hinauf, obwohl er danach wieder herunterrollte. Es geht dabei um eine innere positive Haltung, die nicht an den Klippen der Realität zerschellt. Es sind die Kinder dieser Welt, die lernen wollen, obwohl sie Hunger haben, die schon früh arbeiten müssen, um den Lebensunterhalt der Familie zu sichern und dennoch von einer besseren Zukunft träumen, die im Mathematikunterricht immer wieder an die Tafel gehen, nur um sich ein weiteres Mal vor der Klasse zu blamieren. Diese Kinder haben einen inneren Antrieb, der stärker als alle Widrigkeiten erscheint. Sie sehen sich selbst in der Lage, ihr vermeintliches Schicksal zu besiegen. Die bekannteste Geschichte aus dem deutschen Sprachraum über einen grundsätzlich optimistischen Menschen wirkt heute durchweg naiv, enthält aber eine tiefe Wahrheit.

Hans hatte sieben Jahre seinem Herrn gedient und bat nun um seinen Lohn. *Der Herr antwortete: Du hast mir treu und ehrlich gedient, wie der Dienst war, so soll der Lohn sein,*

und gab ihm ein Stück Gold, das so groß als Hansens Kopf war
(Grimms Märchen 2009, 418). Hans wickelte den Klumpen
Gold in ein Tuch und ging heimwärts. Als er einem Reiter
begegnete, beneidete er ihn um sein schönes Pferd. Wenn er
solch ein Pferd hätte, würde er getragen und käme schnell
voran. Der Reiter bot ihm einen Tausch an, Hans nahm das
Pferd und gab ihm den Klumpen Gold. *Hans war seelenfroh,*
als er auf dem Pferd saß und so frank und frei dahinritt (419).
Nach einer Weile wollte er noch schneller reiten und
schnalzte mit der Zunge und rief *Hopp, hopp!,* wie der Reiter
es ihm empfohlen hatte, aber Hans wurde abgeworfen und
landete im Graben. Ein Bauer fing das Pferd ein und gab es
Hans zurück. Er führte eine Kuh bei sich und Hans beneidete ihn sehr. *Da lob ich mir Eure Kuh, da kann einer mit*
Gemächlichkeit hinterhergehen und hat obendrein seine Milch,
Butter und Käse jeden Tag gewiss (419). Also tauschte er das
Pferd gegen die Kuh und war glücklich. *Hans trieb seine Kuh*
ruhig vor sich her und bedachte den glücklichen Handel (419).
Als er durstig wurde vom Wandern freute er sich darauf, die
Kuh melken zu können, aber es gelang ihm nicht. Da kam
ein Metzger vorbei mit einem jungen Schwein in der Schub-
karre und erklärte ihm, dass die Kuh viel zu alt sei für frische
Milch. Hans wollte gern die alte Kuh gegen das junge Schwein
tauschen, dann habe er immer frische Würste. Der Metzger
willigte ein und gab ihm das Schwein. *Hans zog weiter und*
überdachte, wie ihm doch alles nach Wunsch ginge, begegnete
ihm ja eine Verdrießlichkeit, so würde sie doch gleich wieder
gut gemacht (420). Dann begegnete ihm ein junger Bursche
mit einer weißen Gans unter dem Arm. Hans begann ihm
von seinem Glück zu erzählen und der Bursche berichtete
ihm, dass ein junges Schwein im nächsten Ort gestohlen
worden wäre. *Sie haben Leute ausgeschickt, und es wäre ein*

schlimmer Handel, wenn sie Euch mit dem Schwein erwischten: das Geringste ist, daß Ihr ins finstere Loch gesteckt werdet (421). Hans war froh, ihm das Schwein für die Gans geben zu können und einer Gefahr entronnen zu sein. *Wenn ich's recht überlege, sprach er mit sich selbst, habe ich noch Vorteil bei dem Tausch; erstlich den guten Braten, hernach die Menge von Fett, die herausträufeln wird, das gibt Gänsefettbrot auf ein Vierteljahr: und endlich die schönen weißen Federn, die lass ich mir in mein Kopfkissen stopfen, und darauf will ich wohl ungewiegt einschlafen. Was wird meine Mutter eine Freude haben!* (421). Dann begegnet er einem Schleifer, der erfreut berichtet, wie er durch das Schleifen am Stein immer genügend Geld in der Tasche hätte und Hans beneidet ihn, tauscht seine Gans gegen einen Schleifstein und bekommt noch einen dicken Kieselstein als Wetzstein obendrauf. *Seine Freude ist groß: Ich werde ja zum glücklichsten Menschen auf Erden; habe ich Geld, sooft ich in die Tasche greife, was brauche ich da länger zu sorgen?* (422). Mit leuchtenden Augen geht er weiter, nennt sich eine Glückshaut und ein Sonntagskind, aber nach einer Weile werden ihm die Steine doch arg schwer und er setzt sich an einen Brunnen, um zu trinken. Als er sich ungeschickt dreht, fallen die Steine in den Brunnen. *Hans, als er sie mit seinen Augen in die Tiefe hatte versinken sehen, sprang vor Freuden auf, kniete dann nieder und dankte Gott mit Tränen in den Augen, dass er ihm auch diese Gnade noch erwiesen … hätte* (422–423). Befreit von allen Lasten, glücklich und zufrieden, lief er nach Hause.

Hans beherrscht eine Fähigkeit des Denkens, die wir in der Familientherapie das Umdeuten (reframing) nennen, indem wir ein Problem aus einer anderen Perspektive betrachten. Manche nennen dies auch: *Aus Stroh Gold spinnen!* Beim Umdeuten geht es darum, einen Sachverhalt anders sehen zu können, wenn man ihn in einen anderen Bedeutungsrahmen (Frame) stellt. Dadurch kann ein Problem oder Symptom in einem positiven Sinne als Leistung oder als Fähigkeit verstanden werden. Dann ist das auffällige Sozialverhalten eines Kindes nicht vorrangig ein Hinweis auf ein problematisches individuelles Verhalten, sondern auch auf ein familiäres Problem, z. B. eines unterschwelligen elterlichen Paarkonfliktes. Virginia Satir, eine der Begründerinnen der Familientherapie, benutzte immer die Metapher einer Signallampe im Auto: Wenn die Lampe aufleuchtet, weist sie auf ein Problem hin, aber sie ist nicht kaputt, sodass man sie auswechseln muss. Analog enthalten die Symptome der Kinder häufig einen Hinweis auf Probleme in der Familie, sodass man sie nicht individuell therapeutisch ändern muss, sondern ihnen vielmehr für die symptomatischen Hinweise danken sollte. Denn sie sind Ausdruck einer seismografischen Reaktion der Kinder auf unterschwellige Erschütterungen. Man sollte die Symptome also nicht einseitig individuell interpretieren, sondern kontextuell, dann kann aus einem negativen Verhalten ein positiver Hinweis werden. Wer den eigenen negativen Erlebnissen etwas Positives abgewinnen kann, der kann aus den schlechten Erfahrungen nicht nur etwas lernen, sondern fühlt sich zudem subjektiv glücklicher.

Was macht diesen Optimismus von Hans aus? Sicher kein vergleichendes analytisches Denken, denn wenn er ernsthaft darüber nachdenken würde, dass er am Anfang seiner Wanderung einen Klumpen Gold hatte und am Ende nichts mehr, dann ist das Ergebnis zumindest im materiellen Sinne eher deprimierend. Aber Hans denkt von einem Schritt zum anderen und erlebt jede Wendung zunächst in seiner positiven Seite. Er bleibt glücklich bis zum Ende und vielleicht ist dies mehr wert als jeder Klumpen Gold. Es ist der Triumph der Phantasie und des Denkens über die Realität, des Bewusstseins über das Sein, des Glücks über das Gold.

Die sicherlich schönste Geschichte eines solchen Triumphes der Phantasie in der Weltliteratur ist die Geschichte, wie sie Miguel de Cervantes Saavedra in seinem spanischen Klassiker *Der scharfsinnige Ritter Don Quixote von der Mancha* (1975) beschreibt. Kaum ein Buch ist so reichhaltig an Phantasie, Täuschung und Selbsttäuschung, kreativem Denken, Umdeutungen oder Optimismus. Auch die Forderung an andere, das zu glauben, was er denkt, gilt nicht nur für seinen treuen Weggefährten Sancho Pansa.

Miguel Cervantes' Don Quixote war inspiriert von den berühmten Ritterbüchern des frühen 17. Jahrhunderts. Diese Inspiration ging so weit, dass er alles, was er sah, hörte und erlebte im Sinne der Ritterbücher – und damit seiner Phantasie – umdichtete, und so wurde aus einer billigen Schenke ein Schloss. *Da nun in unsres Abenteurers Kopf alles, was er sah und hörte, dichtete und dachte, sogleich die Farbe all dessen annahm, was er in seinen Ritterbüchern gelesen hatte, so erschien ihm auch die Schenke auf den ersten Blick als ein Schloss mit vier Türmen und silberstrahlenden Zinnen, dem auch die Zugbrücke und die tiefen Gräben und all der Zubehör nicht fehlten ...* (69). Die Phantasie des Ritters erscheint unbegrenzt und sie wird durch äußere Ereignisse noch erheblich angestachelt, und sei es auch nur durch einen einfachen Schweinehirten, der auf seiner Rohrpfeife bläst. Dieses Ereignis *vollendete des armen Junkers Täuschung. Die Schenke war für ihn unwidersprechlich eine berühmte Burg, das Gedudel Tafelmusik, der Stockfisch eine Forelle, das Kommißbrot Semmel, die beiden Dirnen waren edle Damen, der Wirt der Kastellan des Schlosses, so daß sein Entschluß und sein erster Ausritt mit bestem Erfolge gekrönt waren. Nur eins quälte ihn,*

daß er nämlich noch nicht zum Ritter geschlagen worden war
(73). Dies ließ er den Wirt der Schenke schleunigst nachholen, denn wenn dieser ein hochwohlgeborener Ritter und
Schlossherr war, dann konnte er ihn zum Ritter schlagen.

Die schwersten Rückschläge und größten Misserfolge
konnten den Ritter auf seinen Abenteuern nicht davon abhalten, seinen Ruf und den seiner Geliebten Dulcinea durch
seine heldenhaften Taten zu mehren. Ist es nun grenzen-
loser Optimismus oder Narrheit, die ihn antreibt? Und so
trifft er auf seinen Wegen eine Gruppe reisender Kaufleute
aus Toledo, harmlose Menschen, die keinem Böses wollen.
Er stellt sich ihnen quer in den Weg und fordert sie provo-
kant und trotzig heraus: *Alle Welt halte, wenn nicht alle Welt
bekennen will, daß in aller Welt kein schöneres Fräulein lebt
als die Kaiserin der Mancha, die unvergleichliche Dulcinea des
Toboso* (87). Die Kaufleute reagieren belustigt, weisen ihn
darauf hin, dass sie die Dame nicht kennen und bitten ihn,
sie ihnen zu zeigen. Nun ist der Ritter in einer Notlage, denn
er kann diese Dame, ein vollendetes Produkt seiner Wunsch-
phantasien, niemals und niemandem zeigen. Also geht er
weiter in die Offensive: *Und wenn ich sie euch zeigte, wäre es
dann noch ein Verdienst, eine so weltkundige Wahrheit einzu-
gestehen? Hier kommt es darauf an, daß ihr, ohne sie gesehen
zu haben, glaubt, bekennt, behauptet, beschwört und verfech-
tet; wo nicht, so sei euch hochfahrendem und trutzigem Volke
hiermit die Fehde angesagt* (88). Er fordert von ihnen, ebenso
zu glauben und zu bekunden, wie er es tut. Obwohl die rei-
senden Kaufleute nicht auf Streit aus sind, versperrt Don
Quixote ihnen den Weg, fordert sie heraus, provoziert, belei-
digt, droht. Und es kommt, wie es kommen musste. *Ein junger Maultiertreiber vom Gefolge der Kaufleute aber, der eben
keiner von den gutmütigsten war, konnte sich nicht enthalten,*

dem armen abgesattelten Ritter die Antwort für so ehrenrüh-
rige Reden auf seine Rippen zu schreiben. Er trat zu ihm hin,
nahm seine Lanze, brach sie in Stücke und gab mit einem da-
von unserm Don Quixote eine so reichliche Tracht Prügel, daß
er ihn trotz seiner Waffen und Rüstung fast zu Schrot zer-
drosch (89). Seine Herren wollten ihn davon abhalten, aber
er nahm ein Stück der zerbrochenen Lanze nach dem anderen und zerschlug es auf dem armen Ritter, bis er davon
müde wurde. Der Ritter glaubte immer noch alles, was er
dachte, und bezog fürchterliche Prügel dafür, aber wunder-
samer Weise konnte er selbst diese Niederlage noch in einen
Sieg verwandeln. *Und doch hielt er sich noch immer für hoch-*
beglückt, weil solcherlei Missgeschick nur irrenden Rittern be-
gegnen könnte ... (90). Heute würde man dieses Denken als
Ausdruck eines stabilen Wahns bezeichnen, der mit einem
massiven Realitätsverlust einhergeht. Keinerlei reale Erfahrung konnte diese Weltsicht des Don Quixote korrigieren.
Aber bei Don Quixote war dies keine vorübergehende psy-
chotische Episode, es war ein fester Glaube eines entschlos-
senen Ritters geworden, vor dem man nur Achtung haben
sollte. Und dementsprechend antwortet er auf unsere Ver-
mutung einer Geisteskrankheit klar und eindeutig: *Ich weiß,*
wer ich bin, rief Don Quixote, aber ich weiß auch, wer ich sein
kann ... (93). Er verteidigt sein Ideal-Ich gegen alle Anfeindungen der Realität, ja gegen sein eigenes Real-Ich. Heute
würden manche von Selbstoptimierung sprechen, aber der
Bezug zu sich selbst ist nebensächlich, denn es geht um viel
Wichtigeres. Cervantes ironisiert die Ritterromane und
macht sich lustig über sie, aber er spricht sich für die darin
enthaltenen ritterlichen Werte aus. Er glaubt an diese Werte,
will sie hochhalten und muss sie gegen diese Schundliteratur
der Ritterromane seiner Zeit verteidigen. Und das gibt Don

Quixote seine Größe, verleiht ihm eine tugendhafte Aura, die immun erscheint gegen alle Narreteien. *Was verkörpert Don Quixote? Vor allem den Glauben; den Glauben an etwas Ewiges, Unerschütterliches, an die Wahrheit, die außerhalb des einzelnen Menschen ist, die sich nicht leicht erringen läßt, die Opfer und Dienste fordert, die aber durch Beharrlichkeit im Dienen und Opfermut errungen werden kann* (Turgenjew in Cervantes 1974, 13).

Sein berühmtestes Erlebnis ist der Kampf gegen die Riesen, der als Kampf gegen die Windmühlen bekannt wurde. *Eben entdeckten sie dreißig bis vierzig Windmühlen auf dem Felde, wie man sie in jenen Gegenden findet. Kaum hatte Don Quixote sie erblickt, so sprach er zu seinem Schildknappen: »Das Glück führt unser Unternehmen besser, als wir verlangen konnten; denn sieh, Freund Sancho, dort zeigen sich dreißig oder mehr ungeschlachte Riesen, mit denen ich ein Treffen zu halten und ihnen sämtlich das Leben zu nehmen gedenke«* … *Mit diesen Worten gab er seinem Gaul Rosinante die Sporen, ohne weiter auf den Schildknappen Sancho zu hören, der ihm immer noch nachschrie: es seien gewiss und wahrhaftig Windmühlen und keine Riesen, die er angreifen wollte. Allein die Riesen saßen schon so fest in seinem Kopfe …* (112). Er hatte die Riesen schon im Kopf, insofern war nichts mehr zu machen. Und Sancho Pansa bringt es auf den Punkt: Man muß *selber Windmühlen im Kopf haben* (114), wenn man die Windmühlen für Riesen halten will. Kurz: Man muss verrückt sein und nur noch das sehen, was man sehen will. Der Glaube bestimmt sein Denken. Und selbst Fehlern hat er stets das Gute abgewonnen, auch wenn er nicht viel aus ihnen gelernt hat.

FEHLERFREUNDLICHES LERNEN

Denkfehler und Irrtümer offenbaren ein grundsätzliches menschliches Dilemma: Einerseits müssen sie vermieden werden, weil sie nicht selten schädliche Folgen haben, andererseits ist irren nun einmal menschlich. Mehr noch, wir lernen im Wesentlichen aus Fehlern, und nur wer Fehler macht und sie erkennt, kann sie auch korrigieren und zukünftig vermeiden. Dabei sollten wir gar nicht erst versuchen, alle Fehler abzustellen, nicht nur, weil dies eine unmenschliche Anforderung wäre, sondern weil wir Fehler brauchen, um unsere Fähigkeiten und Kompetenzen zu entwickeln. *Keine Fehler mehr machen zu dürfen ist nicht nur nicht realisierbar, sondern auch gefährlich, zumindest was die Weiterentwicklung kognitiver Fähigkeiten, motorischer Fertigkeiten und emotionaler Empfindungen anbelangt* (Wehner/Mehl 2003 107–125, 108). In diesem Sinne können Fehler durchaus als Leistungen angesehen werden, denn zu Fehlern werden sie erst durch eine soziale Bewertung ihrer meist negativen Folgen. *Fehler sind Ausdruck von Fertigkeiten; die Bezeichnung der Ergebnisse als fehlerhafte, unzulängliche, defizitäre etc. ist ein soziales und kein strukturanalytisches oder systemimmanentes Urteil* (123). Bis dahin sind Handlungen, die zu Fehlern führen können, lediglich Herausforderungen, die es zu bewältigen gilt. So hat sich z. B. der Berliner Sportverein Hertha BSC einen Leitspruch zugelegt, der fehlerfreundliches Lernen zum Ziel hat: *We try. We fail. We win.*

Bei Kindern sind wir bei Fehlern meist großzügiger und toleranter und gehen wie selbstverständlich davon aus, dass sie an ihren Aufgaben reifen. Bei Erwachsenen und hier insbesondere in der Arbeitswelt gelten andere Maßstäbe und Anforderungen, hier sollte der Mensch möglichst genauso effizient und fehlerfrei operieren wie die Technik. Je mehr der technische Fortschritt perfektioniert wird, desto stärker sind die Folgen für die Menschen im Umgang mit der Technik. Dies gilt insbesondere bei Fehlern, die einen Schaden zur Folge haben, wie bei Unfällen. *Die Unfallursachen nämlich haben sich in Richtung menschliches Fehlverhalten verschoben* (111). Angesichts ökonomischer Maximen erscheint es ironisch, wenn man hier fordern würde, eine gewisse Fehlerquote bei der Risikokalkulation als menschlich zu berücksichtigen.

Viele Lernprozesse verlaufen dann effektiv, wenn es einen engen zeitlichen Zusammenhang zwischen einer Handlung und der Erkenntnis des Fehlers gibt. Berühmtes Beispiel ist die heiße Herdplatte, denn hier liegen Handlung und Lernen durch Schmerz extrem nah beieinander. In partnerschaftlichen, familiären und vor allem unternehmerischen Handlungen hingegen sind die Probleme so systemisch und komplex, dass sich keine schnellen und einfachen, monokausalen Zusammenhänge zwischen Handlung und Fehler ergeben. Manchmal bedarf es einer langen Analyse aller beteiligten Faktoren, um fehlerhafte Muster erkennen zu können. Und auch die Frage, wie diese abzustellen sind, kann äußerst schwierig sein. Es kann Monate dauern, bis man die Folgen einer Fehlhandlung bemerkt und es kann noch einmal so lange dauern, bis man die verursachenden Muster einer Kombination von Fehlern erkennt. Ob und wie diese Muster dann zu verändern sind, kann ebenfalls ein langer und komplexer Analyseprozess sein. In der Erziehung der Kinder zeigen sich Fehler doch eher langfristig, während sich Fehler in Liebesbeziehungen manchmal ähnlich schnell bemerkbar machen wie die heiße Herdplatte. Und noch schwerer erscheint es, mit den Fehlern so umzugehen, dass sie keinen allzu großen Schaden anrichten und man aus ihnen lernen kann. Das menschliche Lernen braucht eine fehlerfreundliche Kultur und keinen Zwang zum Perfektionismus.

Und was sind die persönlichen Voraussetzungen einer fehlerfreundlichen Kultur? *Voraussetzung ist ... vor allem ein stabiles und sicheres Selbstkonzept* (Strohschneider 2003, 142). Man muss die innere Stärke haben, sich und anderen auch Fehler eingestehen und damit einer perfektionistischen Kultur widersprechen zu können.

Das Selbstkonzept ist ein *mentales Modell einer Person über ihre Fähigkeiten und Eigenschaften* (Gerrig 2015, 738), es ist sozusagen der Glaube an die eigenen Fähigkeiten und Kompetenzen. Nicht selten erscheint der Glaube an die eigenen Fähigkeiten wie bei Don Quixote psychologisch wichtiger als die tatsächlich vorhandenen Fähigkeiten. Dieses Selbstkonzept entsteht in der kindlichen Entwicklung schon sehr früh mit den ersten Selbstwirksamkeitserfahrungen. Schon kleine Kinder machen die Erfahrung, dass sie etwas bewirken können: die Mutter erreichen, wenn sie schreien oder den Turm der Klötzchen umstoßen, den der Vater aufgebaut hat.

Während Selbstwirksamkeitserfahrungen zunächst noch unabhängig davon sind, ob sie als positiv oder negativ bewertet werden, sind solche Bewertungen für das daraus entstehende Selbstwertgefühl geradezu konstitutiv. Unter Selbstwertgefühl versteht man heute in der Psychologie *eine generalisierte wertende Einstellung gegenüber dem Selbst, die sowohl Stimmung als auch Verhaltensweisen beeinflusst und starken Einfluss auf eine Reihe von persönlichen und sozialen Verhaltensweisen ausübt* (738). Ein niedriges Selbstwertgefühl ist nicht nur Ausdruck einer zweifelnden und selbstkritischen Person, es führt meist in einer Abwärtsschleife dazu, dass man sich mit jedem neuerlichen negativen Ereignis noch strenger bewertet und in der negativen Bewertung der eigenen Person bestätigt fühlt. Ein hohes, positives oder starkes Selbstwertgefühl hingegen erscheint wie ein Immunschutz gegen die Widrigkeiten des Lebens, vergleichbar den eingelagerten Gewichten bei einem Stehaufmännchen.

Das Selbstwertgefühl eines Menschen ist zu einem nicht unerheblichen Teil von seiner Zufriedenheit in einer Partnerschaft abhängig. Dies ist nicht nur ein Credo der modernen Psychologie, sondern auch durch empirische Studien abgesichert. *Erfahrungen in Partnerschaften und das Selbstwertgefühl von Menschen beeinflussen sich gegenseitig: Das Selbstwertgefühl einer Person trägt zu Erfolg und Misserfolg im Lebensbereich Partnerschaft bei, während positive und negative Erfahrungen in Partnerschaften wiederum das Selbstwertgefühl der Person verändern.* (Informationsdienst). Wie kann man die Zusammenhänge zwischen Selbstkonzept und Selbstwertgefühl, Partnerschaft und Fehlerfreundlichkeit verstehen? Hier ein alltägliches Beispiel.

Ich habe einen riesigen Fehler gemacht. Die beste Freundin meiner Frau hat mich verführt und droht nun damit, alles meiner Frau zu erzählen, wenn ich die Beziehung zu ihr abbreche. Sie hat es in der Vergangenheit ja schon mehrfach versucht und nun hat sie mich im Würgegriff, was soll ich bloß tun? – Sie könnten Ihrer Geliebten zuvorkommen und alles Ihrer Frau erzählen. – Meine Frau hat mir beim letzten Mal schon gesagt, dass sie die Beziehung beendet, wenn es noch einmal vorkommt. – Nun ist es passiert ... – Sie meinen, ich soll es trotzdem sagen? – Wenn Sie Ihrer Verführerin nicht zuvorkommen, geben Sie das Schicksal doch in ihre Hände, oder? – Das ist eine fürchterliche Alternative, das hab ich so nicht gewollt ... – Aber Sie haben es gemacht, kein anderer ... – Doch, sie hat mich verführt, was kann ich dazu, dass ich so begehrt bei den Frauen bin ... – Das hat Casanova auch gesagt. Das Begehren der Frauen ist die eine Sache und ihr eigenes Verhalten eine andere. Sie könnten Ihren Fehler, so Sie ihn als eigenen Fehler anerkennen, Ihrer Frau gestehen. – Aber dann muss ich mit den Konsequenzen rechnen. – So ist das Leben. – Das ist brutal, das will ich nicht. – Vielleicht könnten wir erst einmal den Versuch machen zu verstehen, wieso sie wieder einmal ein Opfer der Gesänge der Sirenen geworden sind, sich nicht wie Odysseus am Mast festgebunden und Wachs in die Ohren gestopft haben, sondern der ewigen Versuchung durch das Weib erlegen sind. Wenn Sie dies möglichst ehrlich für sich hinkriegen, könnten Sie überlegen, ob Sie dies alles Ihrer Frau erzählen oder nicht. Nur wenn Sie Ihren eigenen Anteil an der wiederholten Liebesaffäre verstehen und dies nicht mehr als Schicksal des Mannes und als Folge der Verführung durch die Frauen sehen, können Sie etwas ändern. – Ich habe da meine Zweifel, ob meine Frau das auch so sieht ... – Wie Ihre Frau darauf reagiert wissen wir nicht, aber anscheinend ist Offenheit mit sich selbst und allen anderen Ihre vorerst letzte Chance.

Das Ergebnis dieser ehrlichen Analysen der sogenannten Verführung führte zu einem anderen Täter-Opfer-Bild, in dem die eigenen Täteranteile recht deutlich wurden. Die wiederholten Affären des Mannes hatten sehr viel mit seiner Unzufriedenheit und seinen Sehnsüchten in der Paarbeziehung zu tun, über die er mit seiner Frau noch nie offen geredet hatte. Stattdessen hatte er immer nur gehandelt. Das Gespräch mit seiner Frau, das Eingeständnis eines großen Fehlers, mündete in einem ernsthaften Gespräch über ihre Partnerschaft und die Erkenntnis, dass eine partnerschaftliche Intimität wahrscheinlich der beste Schutz gegen den Klang der Sirenen sein kann.

Es gibt alltägliche Varianten von Fehlern, die man als Faux-pas, Peinlichkeiten oder Missgeschicke bezeichnen kann. Jede Gesellschaft, jede Kultur verfügt über einen code of conduct, ein mehr oder weniger ausformuliertes System der Höflichkeit. Durch diese Regeln wird indirekt definiert, was ein Fauxpas, eine Unhöflichkeit, eine Grenzverletzung oder gar eine Unverschämtheit ist. Entscheiden Sie selbst: *Da springen widerspenstige Hühnerbeine beim Zerlegen über den Tisch, da krabbelt im eben servierten Salat eine Raupe, da bleiben Reiß-verschlüsse und Blusenknöpfe unverschlossen, da wird der Ge-sprächspartner fortwährend mit dem falschen Namen ange-sprochen, da duelliert sich ein Ehepaar vor den Gästen mit kleinen Gehässigkeiten, da öffnet man in einer fremden Woh-nung auf der Suche nach der Toilette die falsche Türe, da wird man bei einer kleinen Angeberei ertappt, da will eine Sekre-tärin am Telefon sagen, ihr Chef sei geschäftlich auf Reisen, doch stattdessen sagt sie, er sei geschlechtlich unterwegs* (Berg-mann 2003, 55). Die Reaktionen der Zeugen solcher Missge-schicke oder Fauxpas reichen von herzhaftem Lachen, Scha-denfreude, Betroffenheit, Peinlichkeit, Verlegenheit bis zu Empörung, je nach moralischem Standort. Meist halten sich die Reaktionen jedoch in Grenzen, weil durch solche Faux-pas keine Menschen zu Schaden kommen. Es gibt mittler-weile auch ganze Fernsehsendungen bei privaten Sendern, bei denen Peinlichkeiten, Fauxpas, öffentliche Beschämung und Schadenfreude im Mittelpunkt stehen.

Und wie reagieren die Mitwisser und Zeugen all dieser Fehlleistungen? Mit Schadenfreude, mit unverhohlenem Gelächter, mit Gehässigkeit oder Mitleid? Manche reagieren auch einfach herzlos, weil sie nicht in der Lage sind, Mitge-fühl zu empfinden. Vielleicht reicht auch ein einfaches La-chen. Allerdings steckt Nietzsche folgend auch im Lachen eine Schadenfreude, allerdings eine Schadenfreude mit gutem Gewissen. Peter von Matt hält sie gar für eine deutsche Eigenart: *Das Wort Schadenfreude ist ein deutscher Export-artikel* (2003, 73). Es ist auch eine Freude darüber, dass die Vernunft sich dem Irrationalen beugen muss. Aber die Scha-denfreude lässt viele Interpretationsmöglichkeiten zu, nicht selten ist sie eine im Lachen verkleidete Aggression. *Jede Schadenfreude muss sich gegenüber dem drohenden Vorwurf der Grausamkeit, der Herzlosigkeit, der Unmenschlichkeit rechtfertigen. Schadenfreude ereignet sich grundsätzlich noch innerhalb des Humanen, wenn auch ein Schatten darauf liegt ...* (74). Während wir im Alltagsdenken die Schaden-freude vorwiegend als individuellen Vorgang betrachten, als private Lust der individuellen Person, studiert die Literatur nicht selten die kollektive Schadenfreude. Und Schaden-freude kann die öffentliche Beschämung zur Folge haben.

Fauxpas, Peinlichkeiten oder Missgeschicke sind grund-sätzlich nicht anders zu interpretieren als andere Fehlleis-tungen auch. Sie enthalten meist Hinweise auf unbewusste Motive, denen man nachspüren sollte. Sie werden aber nicht gestützt durch ein eigenes Denken oder eine persönliche Rechtfertigung. Sie geschehen psychologisch nicht zufällig, lösen Schadenfreude oder Mitgefühl aus und drohen leicht abgetan zu werden. Nicht öffentlich, aber in einem intimen Gespräch in der Partnerschaft oder Familie, können ihre tieferen Hintergründe ans Tageslicht gebracht werden.

DU SOLLST NICHT ALLES GLAUBEN, WAS DU DENKST

Frauen täuschen sich angeblich häufig in Männern und manchmal täuschen sich auch Männer in Frauen, sogar den eigenen. Eine der häufigsten und sicherlich brisantesten Fragen deutscher Ehemänner ist die Frage: Hat meine Frau heute Lust auf Sex oder nicht? In dieser aus der Sicht vieler Männer so wichtigen Kernfrage ihres ehelichen Daseins liegen die meisten Männer heute angeblich falsch. Nach neueren Untersuchungen der Universität Toronto an insgesamt 200 kanadischen Paaren tendieren Partner in einer für sie so wichtigen Frage zu erheblichen Wahrnehmungsstörungen und gegenseitigen Missverständnissen. Die Männer hätten eine verzerrte Wahrnehmung, weil sie die Lust ihrer Frauen unterschätzten. *In einer Teilstudie notierten 88 Männer und Frauen jeden Abend ihre eigene Lust und schätzten auch das Verlangen des Partners ein* (Psychologie heute 2016, 7). Die Männer glaubten, ihre Frauen hätten keine Lust, was mit deren Angaben aber nicht übereinstimmte. Die Frauen gaben entgegen der Einschätzung ihrer Männer überaus häufig an, doch Lust auf Sex zu verspüren. Man kann diesen Widerspruch – wie die Autoren der Untersuchung – als verzerrte Wahrnehmung der Männer bezeichnen, es könnte aber auch sein, dass die Frauen eine eigene Lust ankreuzten und damit sich, die Forscher und letztlich auch ihre Ehemänner täuschten. Und es könnte sogar sein, dass sie nur durch die Frage nach ihrer Lust diese selbst verspürten, während sie ohne die Nachfrage der Forscher keine Lust gehabt hätten. Und wie verstehen wir das folgende weitere Teilergebnis: *Für die Beziehung war dies nicht von Nachteil. Je mehr die Männer das sexuelle Interesse ihrer Frauen unterschätzten, umso zufriedener waren diese mit der Beziehung. Möglicherweise, weil ihre*

Partner mehr um sie warben und sich größere Mühe gaben (7). Es könnte allerdings auch sein, dass die Frauen einfach deshalb zufriedener waren, weil ihre Männer sie nicht fragten und folglich in Ruhe ließen. Zufriedenheit könnte aus der Sicht der befragten Frauen auch eine Folge von wenig oder gar keinem Sex sein. Und vielleicht ist es auch möglich, dass sich die Forscher irrten? Vielleicht hätten die Paare, anstatt die Fragebögen der Forscher auszufüllen, die Zeit besser und lustvoller verbringen können? Aber dazu hätten sie ja erst einmal wissen müssen, ob der andere Lust hat oder sie zumindest entwickeln kann. Manche Menschen denken, dass sie Lust haben und haben dann auch welche, andere denken das nur und haben eigentlich keine und wiederum andere denken, dass sie keine Lust haben, während sie sich lustvoll dem Partner nähern. Wie langweilig wäre es, wenn wir immer wüssten, was der andere will und wie viel langweiliger wäre es, wenn wir immer wüssten, was wir selbst wollen. Manchmal sind wir eben nicht nur ambivalent, sondern richtig widersprüchlich.

Wir alle leben mit einem guten Glauben in Partnerschaften und Familien und es wäre für viele Menschen eine Katastrophe, wenn sie jeweils wüssten, was die anderen tun oder denken. Insofern kann es klug sein, bestimmte Fragen nicht zu stellen, wenn man die ehrlichen Antworten eventuell nicht vertragen kann. Manchmal stellt sich das Problem aber erst im Nachhinein. Dann haben wir mit gutem Glauben in einer Beziehung gelebt und erfahren erst spät, manchmal zu spät, eine ganz andere Wahrheit, die auf besondere Weise verstört. Dann haben wir lange an eine Wahrheit geglaubt, die keine war, müssen unser altes Denken korrigieren und uns zu einem neuen aufmachen. Es braucht viel Mut, sich dieser Wahrheit zu stellen.

Es gibt viele Gründe dafür, dass wir im psychologischen Sinne nicht nur mit einem anderen Menschen zusammen sind, sondern vor allem mit unserem Bild dieses Menschen. Rund um dieses projizierte Bild ordnen sich unsere Erfahrungen und Erwartungen, unsere Phantasien und unsere Gedanken. Wenn sich das Bild ändert, weil wir neue und verstörende Informationen erhalten, dann verändert dies auch unsere Gedanken und Gefühle rund um die Paarbeziehung. War das Bild der Person bislang freundlich, offen und warmherzig, dann haben wir die meisten Handlungen, Motive und Absichten dieser Person in diesem Sinne interpretiert. Wenn neue Informationen dieses Bild des anderen grundlegend ändern, dann erscheint die gesamte Person, aber auch die eigene Geschichte mit ihr in einem gänzlich anderen Licht. Dann können wir nicht mehr glauben, was wir bislang dachten und müssen unser Denken den neuen Gegebenheiten anpassen. Und wenn wir mit in dem Bild sind? Wenn wir über Jahrzehnte mit der Person alles geteilt haben, das Bett, die Sorgen, einfach alles? Muss sich dann nicht auch das Bild der eigenen Geschichte ändern? Wie weit kann das gehen?

Solche Geheimnisse, die zu radikalen Änderungen innerer Bilder zwingen, werden manchmal erst nach dem Tod gelüftet und führen zu vielfachen Verwirrungen. *Wenige Monate nach seiner Pensionierung starb seine Frau. Sie hatte Krebs, nicht mehr zu operieren oder sonst zu behandeln, und er hatte sie zu Hause gepflegt. Als sie tot war und er sich nicht mehr um ihr Essen, ihre Notdurft und ihren ausgezehrten, wundgelegenen Körper kümmern musste, musste er sich um das Begräbnis kümmern, um Rechnungen und Versicherungen und darum, dass die Kinder bekamen, was sie ihnen zugedacht hatte* (Schlink 2001, 97). Bis zu ihrem Krebstod hat er ihre

Post nicht geöffnet, aber nun muss er es leider tun und was er liest, sind allzu vertraute Zeilen eines fremden Mannes an seine verstorbene Frau. Der Andere redet sie im Brief mit *Meine Braune* an. *Er war zuerst nur verwundert, dann fühlte er sich betrogen und bestohlen; seine Frau hatte ihn um etwas betrogen, was ihm gehört hatte oder doch gebührt hätte, und der andere Mann hatte es ihm gestohlen. Er wurde eifersüchtig* (103). Aber es waren nicht nur neue Informationen über eine Seite seiner Frau, sie veränderten die gesamte Geschichte ihrer Beziehung und letztlich auch seine persönliche. Diese tiefere Erkenntnis war verstörend und machte ihm sehr zu schaffen. *Der Verdruß fraß in ihm und zehrte in kleinen Bissen sein vergangenes Leben auf. Was immer seine Ehe getragen hatte, Liebe, Vertrautheit, Gewohnheit, Lisas Klugheit und Fürsorge, ihr Körper, ihre Rolle als Mutter seiner Kinder – es hatte auch sein Leben außerhalb seiner Ehe getragen* (117). Wie sollte er damit umgehen?

Nach anfänglichem Zögern beschließt er, die Briefe anstelle seiner verstorbenen Frau zu beantworten, so beginnt eine lebhafte Korrespondenz mit dem ehemaligen Liebhaber seiner toten Frau. Wie in einem Sog treibt ihn seine Neugier und verspätete Eifersucht immer mehr in die Nähe des anderen, er will ihn kennenlernen und zugleich damit etwas über seine Frau, seine abgelaufene Ehe, vielleicht sogar sich selbst erfahren, das er anscheinend bislang nicht wusste. Er lernt seinen Tagesablauf kennen, trifft ihn dann wie zufällig im Café. Erst spielen sie Schach, dann pumpt der Andere ihn um Geld an. Da sie sich nun kennen, fährt er unangemeldet zu ihm nach Hause, wird zu einem gemeinsamen Essen eingeladen und während all dieser Kontakte fragt er sich, was seine Frau an diesem Mann wohl faszinierte, was sie bei ihm suchte und vielleicht auch fand, was dieser anscheinend hatte und er nicht. Je mehr er ihn jedoch kennenlernt, desto kränkender wird diese Begegnung für ihn. *Er war ein Versager, ein Blender, und wäre es Lisa damals nicht schlecht gegangen, hätte er bei ihr keine Chance gehabt. Um Eifersucht, Ärger zu wecken, war er zu mies* (138–139). Dennoch kränkt es ihn, dass seine Frau sich mit einem zweitklassigen Mann eingelassen hatte. Am Ende konfrontiert er den Anderen mit der neuen und doch so alten Wahrheit: *Lisa, Ihre Braune, meine Frau. Sie ist im letzten Herbst gestorben. Sie haben nicht mit ihr korrespondiert, sondern mit mir* (139). Und dann erhält er dennoch, ganz unaufgefordert und unfreiwillig, die Antworten auf all seine Fragen. *Lisa ist bei Ihnen geblieben, weil sie Sie geliebt hat, noch in schlechten Tagen mehr als mich in guten. Fragen Sie mich nicht, warum. Weil ich ein Aufschneider bin, ein Schwadroneur, ein Versager. Weil ich nicht das Monster an Effizienz, Rechtschaffenheit und Griesgrämigkeit bin, das Sie sind. Weil ich die Welt schön mache. Sie sehen nur, was sich Ihnen darbietet, und nicht, was sich darunter verbirgt* (141). Anscheinend hat der Andere sie verzaubert, ihre romantische Seite angeregt, die bei ihm, ihrem korrekten Ehemann, eingetrocknet war, nicht mehr lebendig sein konnte unter all seiner Nützlichkeit, Sinnhaftigkeit, Effizienz und Effektivität.

Er hätte sich auch anders entscheiden können, als er die vier Briefe des anderen in einem Geheimfach des Sekretärs seiner Frau fand. Er hätte die Briefe verbrennen können, wäre ihr für eine Weile böse gewesen, was seinen Trauerprozess wahrscheinlich erheblich gestört hätte, aber dann hätte er alles hinter sich gelassen und es als einen Fehler seiner Frau in seine persönliche Geschichte eingehen lassen können. Die Lösung seines Dilemmas ist das Interessante an der schlichten Chronologie der Geschichte. Er hat seine Neugier und Eifersucht genutzt, um sich selbst aufzuklären, auch wenn es wehtat. Er ist nicht den Weg der Vermeidung und Verdrängung gegangen, sondern hat sich offen mit den neuen Informationen auseinandergesetzt und dabei letztlich auch einiges über sich selbst erfahren. Dies hätte er niemals geschafft, wenn er nur wütend verdrängt hätte. So ist er zu einem neuen Bild gekommen, indem er die neuen Informationen und die alten Erfahrungen integriert hat.

Dieser Aspekt der Integration ist der abschließende Hinweis für die Lösungen des Dilemmas, das ich die Othello-Falle genannt habe. Sicher wird jeder Mensch eine der vorgestellten Lösungen favorisieren, wahrscheinlicher ist es aber, dass eine besondere Mischung verschiedener Ansätze die besten Chancen hat, zu nachhaltigen Veränderungen zu führen. Dann kann es sein, dass man zunächst eine Lösung im Traum findet, dann den Mut zur Wahrhaftigkeit und Fehlerfreundlichkeit aufbringt und damit auch die Angst überwindet, und so eine wesentliche persönliche Veränderung eingeleitet wird – und man hinterher darüber lacht, weil man sich selbst in seiner Selbstverantwortung oder auch Trotteligkeit erkannt hat. Humor ist übrigens gleich neben dem Optimismus ein Hinweis auf psychische Widerstandskraft und Gesundheit.

LITERATUR

Ansorge, Ulrich und Helmut Leder: Wahrnehmung und Aufmerksamkeit. Lehrbuch. VS: Wiesbaden 2011.

Baumgart, Hildegard: Formen der Eifersucht. dtv: München 2006.

Bergmann, Jörg: Der Fauxpas. In: Boothe, Brigitte und Wolfgang Marx (Hrsg.) 2003, 53–72.

Bless, Herbert und Markus Ruder: Informationsverarbeitung und Stimmung. In: Otto, Jürgen et al. 2000, 306–314.

Boccaccio, Giovanni: Das Dekameron. Insel: Frankfurt a. M. 1348/1980.

Boothe, Brigitte und Wolfgang Marx (Hrsg.): Panne – Irrtum – Missgeschick. Huber: Bern 2003.

Brandstätter, Veronika und Otto Jürgen (Hrsg.): Handbuch der Allgemeinen Psychologie – Motivation und Emotion. Hogrefe: Göttingen 2009.

Bruyn, Günter de: Buridans Esel. Fischer: Frankfurt a. M. 1968.

Camus, Albert: Der Mythos des Sisyphos. Rowohlt: Reinbek 2000.

Carroll, Lewis: Alice im Wunderland. Insel: Frankfurt a. M. 1973.

Cervantes Saavedra, Miguel de: Don Quixote. Band 1–3. Insel: Frankfurt a. M. 1975.

Dostojewskij, Fjodor: Die Brüder Karamasov. Anaconda: Köln 2010.

Dostojewskij, Fjodor: Verbrechen und Strafe. Fischer: Frankfurt a. M. 2010.

Egloff, Boris: Emotionsregulation. In: Brandstätter, Veronika und Otto Jürgen 2009, 714–722.

Ende, Michael: Jim Knopf und Lukas der Lokomotivführer. Thienemann: Stuttgart 2005.

Euripides: Medea. Reclam: Stuttgart 1983.

Freud, Sigmund: Zur Psychopathologie des Alltagslebens. Fischer: Frankfurt a. M. 2014.

Frisch, Max: Homo Faber. Suhrkamp: Frankfurt a. M. 1977.

Frisch, Max: Mein Name sei Gantenbein. Suhrkamp: Frankfurt a. M. 1975.

Frisch, Max: Skizze eines Unglücks. Insel Clip: Frankfurt a. M. 1996.

Gerrig, Richard: Psychologie. Pearson: Hallbergmoos 2015.

Gigerenzer, Gerd: Bauchentscheidungen. Bertelsmann: München 2007.

Glattauer, Daniel: Gut gegen Nordwind. Zsolnay: Wien 2006.

Goethe, Johann Wolfgang von: Die Wahlverwandtschaften. dtv: München 1980.

Grimms Märchen. Anaconda: Köln 2009.

Gruber, Thomas: Gedächtnis. Lehrbuch. VS: Wiesbaden 2011.

Gudehus, Christian et al.: Gedächtnis und Erinnerung. Metzler: Stuttgart 2010.

Hantel-Quitmann, Wolfgang: Liebesaffären. Zur Psychologie leidenschaftlicher Beziehungen. Psychosozial: Gießen 2005.

Hantel-Quitmann, Wolfgang: Die Liebe, der Alltag und ich. Herder: Freiburg 2006.

Hantel-Quitmann, Wolfgang: Der Geheimplan der Liebe. Zur Psychologie der Partnerwahl. Herder: Freiburg 2007.

Hantel-Quitmann, Wolfgang: Die Masken der Paare. Herder: Freiburg 2008.

Hantel-Quitmann, Wolfgang: Sehnsucht. Das unstillbare Gefühl. Klett-Cotta: Stuttgart 2011.

Hantel-Quitmann, Wolfgang: Basiswissen Familienpsychologie. Klett-Cotta: Stuttgart 2013.

Hantel-Quitmann, Wolfgang: Klinische Familienpsychologie. Klett-Cotta: Stuttgart 2015.

Highsmith, Patricia: Der talentierte Mr. Ripley. Diogenes: Zürich 2002.

Hupka, Ralph und Jürgen Otto: Eifersucht. In: Brandstätter, Veronika und Jürgen Otto (Hrsg.) 2009, 605–611.

Informationsdienst Wissenschaft, idw, Pressemitteilung Universität Bern, Nathalie Matter, 29.07.2016.

Informationsdienst Wissenschaft, idw, 18.4.2016.

Informationsdienst Wissenschaft, idw, Pressemitteilung der Ruhr-Universität Bochum, 18.4.2016.

Kafka, Franz: Der Process. Reclam: Stuttgart 2014.

Kahneman, Daniel: Schnelles Denken, Langsames Denken. Pantheon: München 2011.

Kerenyi, Karl: Die Mythologie der Griechen. Band 1–2. dtv: München 1966.

Khadra, Yasmina: Die Attentäterin. Nagel & Kimche: München 2006.

Kreuzer, Tillmann und Kathrin Weber (Hrsg.): Invidia – Eifersucht und Neid in Kultur und Literatur. Psychosozial: Gießen 2011.

Laplanche, Jean und Jean Pontalis: Das Vokabular der Psychoanalyse. Band 1–2. Suhrkamp: Frankfurt a. M. 1973.

Machiavelli, Niccolò: Der Fürst. Reclam: Stuttgart 1978.

Matt, Peter von: Die Intrige. Theorie und Praxis der Hinterlist. Hanser: Wien 2006.

Matt, Peter von: Liebesverrat. dtv: München 1994.

Matt, Peter von: Schadenfreude. In: Boothe, Brigitte und Wolfgang Marx (Hrsg.) 2003, 73–83.

Mertens, Wolfgang: Psychoanalyse im 21. Jahrhundert. Eine Standortbestimmung. Kohlhammer: Stuttgart 2014.

Mitscherlich, Alexander u. a. (Hrsg.): Studienausgabe. Zwang, Paranoia und Perversion. Band VII. Fischer: Frankfurt a. M. 2000.

Nietzsche, Friedrich: Über Wahrheit und Lüge im außermoralischen Sinn. In: Friedrich Nietzsche, Sämtliche Werke. Kritische Studienausgabe in 15 Bänden. Hrsg. von Giorgio Colli und Mazzino Montinari. Band 1. dtv: München 1980.

Otto, Jürgen et al.: Emotionspsychologie. Beltz: Weinheim 2000.

Ovid: Metamorphosen. Insel: Frankfurt a. M. 1990.

Psychologie heute: Nicht in der Stimmung? Themen und Trends. Heft 9, September 2016.

Roth, Philip: Der menschliche Makel. Hanser: München 2002.

Schlink, Bernhard: Der Andere. In: Liebesfluchten. Diogenes: Zürich 2001, 97–149.

Schlink, Bernhard: Der Vorleser. Diogenes: Zürich 1997.

Schlink, Bernhard: Sommerlügen. Diogenes: Zürich 2010.

Schultz-Venrath, Ulrich: Lehrbuch Mentalisieren. Klett-Cotta: Stuttgart 2013.

Shakespeare, William: Hamlet. Reclam: Stuttgart 2014.

Shakespeare, William: Othello. Reclam: Stuttgart 2013.

Shakespeare, William: Richard III. Reclam: Stuttgart 1994.

Sokolowski, Kurt: Allgemeine Psychologie für Studium und Beruf. Pearson: Hallbergmoos 2013.

Solso, Robert: Kognitive Psychologie. Springer: Heidelberg 2005.

Strohschneider, Stefan: Ja, mach nur einen Plan. In: Boothe, Brigitte und Wolfgang Marx (Hrsg.) 2003, 127–144.

Tolstoi, Leo: Die Kreutzersonate. Insel: Frankfurt 1984.

Weber, Max, Politik als Beruf, Stuttgart 1992.

Wehner, Theo und Klaus Mehl: Über die Vitalität fehlerhaften Handelns und den vermeintlichen Gegensatz zur Unfall- und Sicherheitsforschung, in: Boothe, Brigitte und Wolfgang Marx (Hrsg.) 2003, 107–125.

Wentura, Dirk und Christian Frings: Kognitive Psychologie. Lehrbuch. Springer: Heidelberg 2013.

Winter, Leon de: Das Recht auf Rückkehr. Diogenes: Zürich 2009.

Zimbardo, Philip et al.: Schlüsselkonzepte der Psychologie. Pearson: Hallbergmoos 2016.

Zizek, Slavoj: Der göttliche Todestrieb. Sigmund Freud Vorlesung 2015. Turia und Kant: Wien 2016.